国家京剧院艺术家系列丛书

秀影荣芳 春容孝俊

刘秀荣 张春孝 画传

周祉琦 编著

文化发展出版社
Cultural Development Press
·北京·

图书在版编目（CIP）数据

秀影荣芳　春容孝俊 ：刘秀荣张春孝画传 / 周祉琦编著. — 北京 ：文化发展出版社，2025. 1.
(国家京剧院艺术家系列丛书). — ISBN 978-7-5142-4306-2

Ⅰ. K825.76-64

中国国家版本馆CIP数据核字第2024PX2113号

国家京剧院艺术家系列丛书

秀影荣芳　春容孝俊

刘秀荣张春孝画传

周祉琦　编著

出 版 人：宋　娜
责任编辑：周　蕾　　　　责任校对：侯　娜　马　瑶
责任印制：邓辉明　　　　封面设计：多杰太
出版发行：文化发展出版社（北京市翠微路2号 邮编：100036）
发行电话：010-88275993 010-88275711
网　　址：www.wenhuafazhan.com
经　　销：全国新华书店
印　　刷：北京利丰雅高长城印刷有限公司

开　　本：787mm × 1092mm　1/16
字　　数：197千字
印　　张：16.5
版　　次：2025年1月第1版
印　　次：2025年1月第1次印刷

定　　价：158.00元
I S B N：978-7-5142-4306-2

◆ 如有印装质量问题，请与我社印制部联系　电话：010-88275720

|国家京剧院艺术家系列丛书|

主　　编

王　勇　袁慧琴

副 主 编

魏丽云　田　磊　张勇群

执行副主编

彭　维

总序

万物静默如谜　图文自有天地

曾经一个懵懂青年，他怀揣着青春梦想，在这里成长，从这里“出走”，又重新回到这里，对这里始终充满着感激和依恋，有着复杂和深厚的情感。这个地方就是国家京剧院，我就是那个青年。

国家京剧院是人民的剧院，是党和国家的剧院。从鲁艺旧剧研究班开端，到鲁艺平剧团、延安平剧研究院，再到 1955 年 1 月 10 日中国京剧院成立和 2007 年正式更名国家京剧院至今，待到 2025 年 1 月 10 日，国家京剧院即将迎来建院 70 周年华诞，作为文化和旅游部直属的唯一国家戏曲院团，毛泽东、邓小平、江泽民、胡锦涛、习近平等党和国家领导人都对剧院的建设和发展给予了无微不至的亲切关怀和大力支持，其命运和历程始终与祖国、与人民和党的文艺发展方向紧密联系在一起。在历史绵延、时代变幻的重要关口，我们总能感受到国家赋予京剧和剧院的特殊地位，感受到投身民族文化传承和文化自信建构的伟大使命。

回望 70 年辉煌历程，剧院承载着导向性、代表性、示范性职能，始终听党话、跟党走。在党的领导下，剧院数代表演艺术家、演奏家、剧作家、导演、作曲家、舞台美术家、史论评论家，用心血和汗水铸就了京剧艺术的时代光华与声名远播。表演艺术大师梅兰芳、李少春、袁世海、叶盛兰、杜近芳，导演阿甲，剧作家翁偶虹、范钧宏……一串串闪光的名字享誉四海。从延安革命时期引领戏曲改革先声，到如今迎面百年未有之大变革，剧院始终坚持推陈出新、守正创新的艺术理念，实践善于继承、精于借鉴、勇于创新、长于塑造人物形象的艺术追求，也逐渐形成了艺术严谨、舞台清新、阵容齐整的艺术风格。前贤后侪，薪火相续，剧院排演了600多部不同题材、体裁的优秀剧目；担负了文化交流的重任，出访50余个国家和地区，为增进中国人民同世界各国人民的友谊做出了历史性贡献。

日月沧桑流转，文明血脉汩汩相续。喧嚣沸腾的大数据时代，网络无限发达的当下，诗人们深情吟咏万物静默如谜，我期待艺术自在发声。作为浸淫戏曲和相关艺术创作多年的从业者，作为也曾听说和见证剧院辉煌历史的后来人，我深感剧院一代又一代艺术家承载着中华优秀传统文化继往开来的历史使命，担当着建立戏曲传承谱系、高扬传统文化旗帜的职责，艺术家们的辉煌成就见证和体现了党领导下的人民艺术、国家院团在民族文化发展史上的重要影响，在艺术领域的耕耘与积累树立了中华文化的民族尊严和东方形象，在世界舞台上也书写下了浓墨重彩的独特华章。艺术的美和美的创造者应当发声，以自在的独特方式。

京剧是多么令人心醉神迷的艺术，历200余年传承发展，融音乐、舞蹈、戏剧和美术等多种形式于一体，其独特的丰富性和鲜明的民族性彰显了中华文明的连续性，创新性，统一性，包容性，和平性，其本身也成为最具民族特色的国家文化名片和鲜明艺术标志之一。相应地，京剧艺术家们作为中华优秀传统文化典型形态和重要内容的表演者、表现者，他们创造的美的形式与丰蕴内涵值得被珍视、被保存、被铭记、被传扬。在对艺术资料的保护与抢救上，把非物质文化遗产的重要承载者和一代又一代传承人作为保护重点，实现口传心授的记录与视像化留存，实乃剧院的重要工作内容之一。近年来，剧院举办了一系列艺术家座谈会和纪念演出，深情缅怀李少春、袁世海、叶盛兰、杜近芳、张云溪、张春华、李世济、刘秀荣、张春孝等艺术家，也格外珍视、珍惜尚且健在的艺术家。非遗活态传承的工作虽然千头万绪，但出版“国家京剧院艺术家系列丛书”的念头一直萦绕在我的心头。作为剧本创作者和文艺院团管理者，我珍惜文字、图片、视像，想方设法留住曾经和正在发生的那些美，用文字、用图片、用心去记录这些美的瞬间与美的创造者。

在我的阅读经验中，能读到具有传奇风采的艺术家文本与图册也是人世间的纯粹乐事之一，在或真实，或灵动，或深邃的文字里，在或美丽，或完整，或残缺的图片里，在或明或暗的光景间，在或浓或淡的色彩中，那些瞬间的在场或者离场都会开辟出新的视域与场域。翻开书，阅读者仿佛在参与书传对象的别致人生，自我个体也会在那些美好的艺术家身上得到更加个性化、更加艺术化的熏陶与洗礼。杰出的灵魂留下的经验是对生活的捕捉、对生命的体悟，它让你与过去重遇，与当下接通，也引发你对未来的期许和对诗与远方的向往。我希望“丛书”里略显疏阔的叙述和用心精选的图像能给读者提供这样的光照与尺度，记住过去，展望未来，鼓舞更多的人去尝试追求更有价值的、更加美好的艺术与人生。

我于 2020 年冬回到剧院，转过春节“国家京剧院艺术家系列丛书”项目正式启动，梳理卷帙浩繁的史料档案，以“描绘国京谱系，书写名家艺事，铸就国粹精神，打造文化名片”为宗旨，以对历史文献进行再创作的理念，通过图文并茂的画传、评传形式，力求呈现出剧院历代艺术家的生平事迹、艺术谱系、舞台风采和人格魅力，讲好台前幕后的故事，建立一份生动的、有关剧院的、有关京剧的别样档案，也为读图时代的现实渴求提供更加丰富、可靠的路径。“丛书”文史结合，图文并构，第一批付梓在即，我的内心实在欢欣而忐忑。

记忆是我们留给世界的唯一证据，唯有铭记，精神的光才可能突破有限的生命极限，实现无限的指引。往事并不如烟。记忆的长河或滔滔汩汩、奔涌澎湃，或泠泠淙淙、婉转从容，“丛书”勉力而为之，也不过撷取漫溢浪花数朵，载入簿册，雪泥鸿爪，且付从容翻阅。

全国政协委员
国家京剧院院长
中国戏剧家协会副主席
王勇

2025 年 1 月

序言

怎一个“情”字了得

刘秀荣老师的一生，就是对戏的痴情、对美的钟情、对爱的纯情，更是对党的深情。我深刻感受到的便是一个“情”字。怎一个“情”字了得！

三春花卉正芬芳，发作痴迷我也狂。秀荣老师满怀着一掬对戏的痴情。

刘秀荣老师出身于梨园世家，受父亲刘少泉的影响，从小就与戏结缘，为戏痴狂，笑称自己对京剧艺术执迷到了“戏癌”的程度。正是这种痴情，她会在父亲与同行在家说戏、吊嗓时，在一旁看得津津有味，也会因为没去戏园看成戏，而发小孩子脾气把筷子扔得满地都是；正是这种痴情，她最终如愿进入四维儿童戏剧学校学戏，成为京剧旦行宗师王瑶卿先生口中聪明又机灵的“鬼妞儿”，得其真传，被公认为自20世纪50年代以来，王派艺术最重要、最优秀的传承人和弘扬者之一；正是这种痴情，年轻的刘秀荣老师脱颖而出，终于在全国第一届戏曲观摩演出大会上，由她首演田汉编剧、李紫贵导演的京剧《白蛇传》，成功塑造了白素贞的艺术形象，受到周恩来总理接见，被亲切地称为“小白蛇”；正是这种痴情，激励着刘秀荣老师数十年如一日地坚守在京剧舞台上，不断自我超越，艺术之树长青；也正是这种痴情，耄耋之年的刘秀荣老师依旧活跃在京剧教育的一线，为国家培养出许许多多优秀的京剧艺术后继人才。

未曾相逢先一笑，初会便已许平生。秀荣老师充盈着一份对美的钟情。

正如任何一位杰出的京剧艺术家一样，刘秀荣老师博采众长，转益多师。她拜尚小云为师，同时受业于梅兰芳、荀慧生、萧长华、韩世昌、赵桐珊等前辈大师。她从萧长华学习《拾玉镯》《大英杰烈》，从尚小云学习《失子惊疯》，从俞振飞、言慧珠学习《百花赠剑》《奇双会》，并演出梅派戏《霸王别姬》《贵妃醉酒》等，逐渐形成兼收并蓄、全能全才的艺术特色，青衣、花旦、花衫、刀马旦无一不通，几乎囊括了京剧旦行的所有分支，文武昆乱不挡。她的代表剧目有青衣戏《孔雀东南飞》、《四郎探母》、全部《王宝钏》；花旦戏《拾玉镯》、《春香闹学》、《小上坟》、全部《得意缘》；花衫戏《白蛇传》、《敫桂英》、《秋江》、全部《貂蝉》；刀马旦戏《穆桂英大战洪州》、《十三妹》、《珍珠烈火旗》、《棋盘山》、全部《穆桂英》；武旦戏《八仙过海》；现代戏《四川白毛女》《朝阳沟》《红岩》《山城旭日》等。

同时，刘秀荣老师精耕传统、革新创造，挖掘、整理、移植、改编了大量传统戏，创作、排演了《白蛇传》《穆桂英大战洪州》《金锁恩仇》《沉海记》等数十部新剧目，为京剧艺术注入青春活力和时代精神。在艺术源流上求“正”求“严”，立王派之正脉，敬畏传统、恪守正统；在艺术技能上求“专”求“宽”，行梨园之大道，博观约取、厚积薄发；在艺术理念上求“新”求“美”，焕时代之精神，俊逸清新、诗意盎然。许多评论家说，刘秀荣身上有诗意，她饰演的白素贞在“游湖”中一上场就有淑女天外飘来之意，在“水斗”中一上场就有“轻舟已过万重山”之境，在“盗草”中一上场就带来身心交瘁的残缺之美。这种诗意是在圆融精美的演绎中所释放出来的“象外之意”，是诗情，是画意，也是刘秀荣老师在“正”和“严”的基础上，在钟情美、追求美的过程中所达到的“随心所欲不逾矩”的自由境界。

愿得此身长报国，何须生入玉门关。秀荣老师饱蘸着一片对党的深情。

刘秀荣老师从艺 75 年、党龄 42 年，一生都听党话、感党恩、跟党走。1949 年，她投身革命，参加开国大典游行；1950 年，她转入新中国第一所戏曲学校——文化部戏曲改进局戏曲实验学校继续修业，后成为首届毕业生中的佼佼者；1951 年，她参加戏曲实验学校为抗美援朝捐献飞机的义演，先后两次赴朝鲜慰问中国人民志愿军和朝鲜人民军；1959 年，她在维也纳参加第七届世界青年联欢节文艺比赛，主演京剧《春郊试马》并获国际金质奖章。

她担当文艺使者，先后赴罗马尼亚、苏联、波兰、德国、奥地利、美国等 10 多个国家和中国香港、澳门、台湾地区演出、讲学，为推动中国京剧艺术走向世界和中华文化的国际传播做出了重要贡献。

作为党培养的优秀文艺工作者，刘秀荣老师曾深情地说："是党赋予我生生不息的希望和勇气，与永不低头的力量。我终生不忘祖国和人民的大爱之情，更不忘党的温暖怀抱。"是的，她以自己的艺术践行了对党的忠诚与承诺。1950 年，新中国颁布第一部《中华人民共和国婚姻法》，她配合婚姻法演出了《孔雀东南飞》，反响热烈；1952 年，她在第一届全国戏曲观摩演出大会、第七届世界青年联欢节文艺比赛中得奖；1963 年，她在彩色电影京剧艺术片《穆桂英大战洪州》中担纲主演，塑造了年轻的巾帼英雄穆桂英的艺术形象；1980 年，她参加文化部文艺评比会演，主演新编《十三妹》并获表演一等奖；她与张春孝合作导演京剧《马嵬香销》并获全国京剧青年团（队）会演导演奖，二人还合作编导了京剧全部《百花公主》。晚年的她曾多次担任中国戏剧奖·梅花表演奖、国家舞台艺术精品工程、全国青年京剧演员电视大赛等重要评比和赛事的评委，参加国家重点扶持京剧院团评估工作，获中国戏剧家协会颁发的"从事新中国戏剧工作六十周年"荣誉证书。2020 年，习近平总书记给包括刘秀荣老师在内的中国戏曲学院师生回信时指出："坚定文化自信，弘扬优良传统，坚持守正创新，在教学相长中探寻艺术真谛，在服务人民中砥砺从艺初心……"刘秀荣老师的一生，可谓是对这段话最真实的回应与诠释。

桐花万里丹山路，雏凤清于老凤声。晚年的刘秀荣老师将主要精力投入京剧人才培养事业中，完成了由表演艺术家向戏曲教育家的从容转变，成为一位传道、授业、解惑的梨园园丁。她扎实深厚、一专多能和丰富的舞台经验，使她在教学中形成了因材施教的教育理念和内外兼修的教学模式。她坚持亲身示范，把实践中得出的真知倾囊相授，使学生们获益匪浅。从 1987 年收开山弟子李胜素起，她为京剧事业培养了一大批优秀的传承者、接班人，为京剧艺术薪火相传起到承前启后的重要作用，可谓是春风化雨，桃李满园，流芳毓秀传茂荣。

得成比目何辞死，愿做鸳鸯不羡仙。秀荣老师珍藏着一份对爱的纯情。

刘秀荣老师与张春孝老师是一对梨园佳偶，同窗学艺，同台演戏，同登杏坛，同育弟子，台上演夫妻，台下真伉俪。70余年同步同轨的艺术人生中，珠联璧合、相得益彰；60余载同声同气的相伴生活中，心有灵犀、情意相投，堪称梨园伉俪、菊苑燕侣，氍毹上的一道亮丽风景线。斯人已逝，但我们知道，在那遥远的天国，只要锣鼓铿锵、丝竹呢喃，秀荣老师就又要与春孝老师一同粉墨登场了……

秉持着京剧情，眷恋着京剧梦，这是一代艺术家峥嵘又辉煌的一生，也是一位情者深情又痴情的一生，而所有的情都融于刘秀荣、张春孝二位老师所钟爱的京剧事业之中。请允许我化用《钢铁是怎样炼成的》中保尔·柯察金的一句话作为最后的纪念，“人最宝贵的东西是生命，生命属于人只有一次，人的一生应当这样度过：当他回首往事的时候，他不因虚度年华而悔恨，也不因碌碌无为而羞愧。在他临死的时候，他能够这样说：我的整个生命和全部精力，都献给了心底上最壮丽的事业”。

为京剧事业的发展而不懈努力。秀荣、春孝二位老师，你们是真的做到了！

王勇

2025年1月

刘秀荣

（1935—2021）

1935 年生于北京，祖籍浙江绍兴，曾用名刘维蔓。京剧青衣、花旦、花衫、刀马旦演员。

国家级非物质文化遗产项目（京剧）代表性传承人。中国人民政治协商会议第九、第十届委员，中华全国妇女联合会第四、第五、第六、第七届执行委员，中国文学艺术界联合会第六届全国委员，中国戏剧家协会会员。国家京剧院艺术指导委员会顾问、国家一级演员，国务院政府特殊津贴专家，中国戏曲学院荣誉教授，中国京剧优秀青年演员研究生班导师。

1947 年入四维儿童戏剧学校学艺。1948 年底参加革命。1949 年转入中国戏曲学校继续修业，后成为首届毕业生中的佼佼者。在校期间得旦行宗师王瑶卿先生真传，同时受业于京剧大师梅兰芳先生和尚小云、荀慧生、萧长华、韩世昌、赵桐珊等前辈。1956 年毕业后分配到中国戏曲学校实验京剧团。1965 年调北京京剧团。改革开放后调回中国京剧院三团任领衔主演、团长。

1952 年参加全国第一届戏曲观摩演出大会，首演田汉名剧《白蛇传》，获演员二等奖。1959 年在维也纳参加第七届世界青年联欢节文艺比赛，主演京剧《春郊试马》获国际金质奖章。1980 年参加中央文化部文艺评比会演，主演新编《十三妹》获表演一等奖。与张春孝合作导演京剧《马嵬香销》获全国京剧青年团（队）会演导演奖，二人还合作编导了京剧全部《百花公主》。

代表剧目有青衣戏《孔雀东南飞》、《四郎探母》、《龙凤呈祥》、全部《王宝钏》、《玉堂春》、《奇双会》；花旦戏《拾玉镯》、《春香闹学》、《小上坟》、《豆汁记》、《小放牛》、全部《得意缘》、《香罗帕》；花衫戏《白蛇传》、全部《貂蝉》、《沉海记》、《秋江》；刀马旦戏《穆桂英大战洪洲》、《十三妹》、《珍珠烈火旗》、《棋盘山》、全部《穆桂英》、《大英杰烈》、《百花赠剑》；武旦戏《八仙过海》；现代戏《四川白毛女》《朝阳沟》《红岩》《山城旭日》等。

1953 年始，曾先后近 20 次出国赴罗马尼亚、苏联、波兰、德国、奥地利、芬兰、丹麦、挪威、冰岛、澳大利亚、新西兰、捷克、印度、尼泊尔、阿富汗、伊拉克、缅甸、西班牙、法国、瑞典、瑞士、意大利、美国，两次赴朝鲜，5 次东渡日本等数十个国家和中国香港、澳门等地区访问演出，任领衔主演、团长、艺术总监等职，担当文艺使者。1996 年赴台湾任讲师团团长，进行讲学、授课、传艺。

多次担任梅花奖、全国青年京剧演员电视大赛、国家舞台艺术精品工程等全国性大赛评委，并参加全国 11 个国家重点京剧院团的评估工作。获中国戏剧家协会颁发的“从事新中国戏剧工作六十周年”荣誉证书。

张春孝

（1935—2018）

1935 年生于北京，本名张德山。京剧小生演员。

国家级非物质文化遗产项目（京剧）代表性传承人。国家京剧院艺术指导委员会委员、国家一级演员，国务院政府特殊津贴专家，中国戏曲学院荣誉教授，中国京剧优秀青年演员研究生班导师，中国戏剧家协会会员。

1942 年入鸣春社科班第二科学艺，师从张世孝。1948 年入四维儿童戏剧学校第三分校，排名张维孝，从李玉泰、毕鑫如、韩长宝等学艺。1949 年随校转入戏曲实验学校（后名中国戏曲学校）为第一期学生继续学业，1956 年毕业，为该校首届毕业生，毕业后分配到中国戏曲学校实验京剧团。后加入中国京剧院，改革开放后为中国京剧院三团主演、副团长。

师承金仲仁、姜妙香，从俞振飞请教昆曲，得茹富兰精心传授，文武兼擅，后又拜叶盛兰为师，得其亲授，并得萧长华、王瑶卿、迟月亭、李德彬等名家指点。

1963 年与刘秀荣合作拍摄艺术影片《穆桂英大战洪洲》。1980 年以新编《十三妹》参加中华人民共和国国务院原组成部门——中华人民共和国文化部文艺评比会演，获剧本改编、导演奖和表演二等奖。与刘秀荣合作导演京剧《马嵬香销》获全国京剧青年团（队）会演导演奖。他还曾编导《孙悟空》《百花公主》《游西湖（李慧娘）》《夫人城》《碧血扬州》《香罗帕》《沉海记》等剧。

饰演的代表人物有雉尾生戏《激瑜激权》《临江会》《群英会》《回荆州》中的周瑜；《貂蝉》《战濮阳》《白门楼》中的吕布。代表剧目有武小生戏《石秀探庄》《蔡家庄》《飞虎山》《雅观楼》《九龙山》《虹霓关》《大英杰烈》《珍珠烈火旗》《穆柯寨》《棋盘山》《八大锤》；扇子生戏《拾玉镯》《十三妹》《孔雀东南飞》《得意缘》；穷生戏《豆汁记》《连升店》；吹腔戏《奇双会》《百花赠剑》等。他在新剧中创造首演了许多人物形象，有《白蛇传》的许仙、《穆桂英大战洪洲》的杨宗保、《沉海记》的王魁、新编《十三妹》的安龙媒、《牛郎织女》的牛郎、《游西湖》的裴生、《金锁恩仇》的冯宗安、《三打祝家庄》的石秀、《新白兔记》的咬脐郎、《江汉渔歌》的党仲升、《红娘子》的李信、《皇帝与妓女》的昊戈等。他一度改学武生，演出《蜈蚣岭》《林冲夜奔》《金锁阵》《长坂坡》《麒麟阁》《状元印》诸戏。

1953 年始先后十余次赴东欧、西欧、北欧诸国及澳大利亚、新西兰、美国等地，三次赴朝鲜，五次东渡日本等国家访问演出。1996 年赴台湾省讲学、授课、传艺。获中国戏剧家协会颁发的“从事新中国戏剧工作六十周年”荣誉证书。

目录

【第一章】

恩师益友

艺海泛舟数十载

师授友助建功勋

1947年6月，刘秀荣12岁，加入由田汉先生扶持和管理的四维儿童戏剧学校（以下简称“四维剧校”）三分校，开始接受新式京剧表演教育。入校第6天，刘秀荣就参加了剧校在长辛店俱乐部演出的《二进宫》，她饰演剧中徐小姐一角。这是刘秀荣第一次正式登台演出。入校初期，在陈月梅老师的教授下，刘秀荣学习了《三娘教子》《法门寺》《贺后骂殿》《女起解》等戏。张春孝是1942年7岁的时候参加了老艺术家李万春先生的鸣春社开始坐科学艺，登台演戏。由于李万春先生对学员基本功要求严苛，戏园子演出锻炼机会多，在文武戏方面都为张春孝打下了良好的基础。1948年由于物价飞涨，这个由李万春先生自筹资金的鸣春社不得已解散了，经郭文龙老师引荐，张春孝同10多名学生从刚刚停办的鸣春社转入四维剧校学习，填补了剧校小生行当的空缺。其间演出了小生戏《飞虎山》《辕门射戟》《玉门关》等剧目。

1949年2月2日，四维剧校三分校正式被接管，暂改名为北平平剧实验学校。同年刘秀荣、张春孝和戏校同学参加了开国大典群众游行。

1950年1月28日，原实验学校被命名为戏曲改进局戏曲实验学校，田汉兼任校长，史若虚为教务长。戏校更名后不久，刘秀荣参加了《红娘子》一剧的排演，她饰演的小丫鬟得到了王瑶卿先生的赞赏。演出后，刘秀荣成为王瑶卿先生的关门弟子，她从师学演的第一个戏是《珍珠烈火旗》。在此后几年的学习中，刘秀荣、张春孝都在王瑶卿先生的指导下学习了《下河南》《棋盘山》《三击掌》《十三妹》《貂蝉》等近40出戏，此外，二人还从萧长华先生学习《拾玉镯》《小上坟》《大英杰烈》等戏。同年5月，为配合新中国颁布的第一部《中华人民共和国婚姻法》，戏校决定排演《孔雀东南飞》，由王瑶卿先生亲授，刘秀荣饰刘兰芝，张春孝饰焦仲卿。

1951年4月，戏曲实验学校（以下简称“戏校”）划归中国戏曲研究院领导，王瑶卿接替田汉，担任戏校第二位校长。同年 6 月 17 日，刘秀荣、张春孝参加戏校组织的援朝义演首场演出，地点在北京前门大众剧场，第一个剧目为王瑶卿先生亲授的《樊江关》，刘秀荣饰薛金莲。同年 7 月 29 日，大众剧场举行义演的第二场演出，刘秀荣饰演《双下山》中小尼姑色空。同年，戏校决定排演《白蛇传》，由田汉先生在《金钵记》基础上加工改编剧本，王瑶卿先生为艺术指导兼唱腔设计，李紫贵先生任导演。刘秀荣被指定为白娘子的饰演者，由此她成为饰演《白蛇传》中白娘子的第一人。

1952 年 2 月 3 日，刘秀荣和许湘生等人在《珍珠烈火旗》演出结束后，无意间开启了戏校演出结束后的“谢幕”惯例。同年 6 月 24 日，梅兰芳与中国戏曲实验学校原四维剧校的学生，在中山公园音乐堂举办了一场义演，为北京艺培戏曲学校筹募基金。刘秀荣、张春孝、钮骠在此次义演中合作演出《豆汁记》。同年 10 月 6 日至 11 月 14 日，文化部在北京举办第一届全国戏曲观摩演出大会，刘秀荣主演的《白蛇传》被安排在北京长安大戏院和北京剧场演出，首演大获成功。刘秀荣因在《白蛇传》一剧中的精彩演出而获得京剧演员二等奖，这是她第一次荣获全国大奖。颁奖仪式在中南海怀仁堂举行，刘秀荣受到周恩来总理的亲切接见并合影留念。随后，田汉先生在北京丰泽园饭庄设庆功宴，宴席上刘秀荣正式拜王瑶卿先生为师。同年 11 月，戏曲改进局戏曲实验学校更名为“北京戏曲实验学校”。同年 11 月 27 日，田汉发表于《人民日报》的文章《我们彼此发现了诗》中，记述了苏联芭蕾舞大师乌兰诺娃与小演员刘秀荣交流、合影这一“无上荣誉”之事。

1953 年 7 月，刘秀荣、谢锐青、王荣增、张春孝、侯正仁、钱浩樑、贺春泰、吴春奎（后改名刘洵）、谢超文等 9 位同学随中国青年艺术团赴罗马尼亚首都布加勒斯特参加第四届“世界青年与学生和平友谊联欢节（以下简称‘世青节’）”，这是刘秀荣、张春孝第一次走出国门。代表团从北京出发，在满洲里换乘火车，途经依尔库斯克、赤塔、新西伯利亚等城市，10 日，开始在莫斯科接受节目审查，17 日，参加布加勒斯特“世青节”开幕式。“世青节”期间，刘秀荣、张春孝主要演出了《拾玉镯》等剧。同年 8 月初，刘秀荣随艺术团抵达柏林，开始访问德国，演出了《拾玉镯》《秋江》等剧。同年 8 月中旬，中国青年艺术团抵达华沙，开始了在波兰的访问演出。同年 11 月，由于国内另有演出任务，故中国青年艺术团提前结束在欧洲的访问开始回国，中途于莫斯科再次短暂停留。当月下旬，艺术团结束在莫斯科的参观和学习，返回北京。

1954 年 5 月 13 日，为避免与新成立的“北京市戏曲学校”校名相混淆，北京戏曲实验学校更名为中国戏曲研究院戏曲学校。1955 年 1 月 4 日，中国戏曲研究院戏曲学校从中国戏曲研究院划分出来独立办学，正式更名为中国戏曲学校（以下简称“戏校”），晏甬为校长，萧长华、史若虚、刘仲秋为副校长。同年 5 月，中国戏曲学校实习京剧团成立。

1956 年初，新成立的实习京剧团正式更名为“中国戏曲学校实验京剧团”。刘秀荣、张春孝和同届毕业生直接进入实验京剧团，隶属中国戏校领导，由戏校刘仲秋副校长兼任团长，原演出科长吴宝华为副团长，刘秀荣由此成为正式京剧演员。刘秀荣、张春孝加入实验京剧团后的第一个任务是跟随中国人民赴朝慰问团一道，赶赴朝鲜慰问中国人民志愿军和朝鲜人民军。演出剧目有《拾玉镯》《白蛇传》《三击掌》《断桥》《玉堂春·三堂会审》等。在朝鲜期间，刘秀荣与张春孝确立了恋爱关系。同年 3 月，中华人民共和国文化部指派实验京剧团与中国京剧院部分演员组成中国艺术团，赴澳大利亚和新西兰进行友好访问演出。刘秀荣、张春孝随团出访，演出《水漫金山》《小放牛》《拾玉镯》等戏，刘秀荣和张春孝还在李和曾先生主演的《辕门斩子》中分饰穆桂英与杨宗保。

1957 年 10 月 2 日，刘秀荣和张春孝在王府井翠华楼饭庄举行婚礼。从此二人比翼齐飞，相携白首，传为梨园佳话。同年 10 月 26 日，受魏振山邀请，刘秀荣、刘长瑜、马长礼领衔的中国京剧院慰问团到“花牛山”地质队慰问演出并合影。当天，他们演出《白蛇传》《玉堂春》《打渔杀家》等剧目。

1958年，刘秀荣、张春孝在实验京剧团安排下，于10天内排演完成《刘介梅》《红色风暴》《智取威虎山》《碧波潭》4个大戏。审查通过后，剧团领导决定带着这批剧目到山西省、河北省巡回演出。在山西期间，剧团临时决定放弃演出计划，全部参与到当地 “大炼钢铁”的劳动中。回京后，剧团在中国戏曲学校院内继续炼钢。同年6月13日至7月15日，中华人民共和国文化部筹划在北京举办全国现代戏调演。中国戏曲学校实验京剧团创排的现代京剧《四川白毛女》参加此次公演，刘秀荣在剧中成功扮演主角何长秀，引起戏曲界极大反响，刘木铎担任此剧导演。

1959年7月12日至8月5日，刘秀荣、张春孝等中国戏曲学校实验京剧团部分演员同江苏省京剧团青年演员共同组成中国青年代表团艺术团，赴奥地利参加在维也纳举行的第七届世青节，刘秀荣、万连奎合作演出的京剧《春郊试马》获金质奖章。刘秀荣自此成为中国戏曲学校获得国际金奖的第一人。同年8月至11月，中国青年代表团以“中国京剧艺术团”名义，出访北欧的瑞典、芬兰、挪威、丹麦、冰岛5国20个城市，演出65场，刘秀荣主演的《拾玉镯》是每场必演的压轴戏。5国中共有91家报纸发表评论文章280篇，刊登剧照、演员照片140多幅。

1960年3月15日至6月17日，刘秀荣在中国戏曲学校举办的戏曲表演艺术研究班学习，梅兰芳任班主任，并同萧长华、荀慧生、粤剧大师马师曾、川剧丑角大师刘成基等共同为京剧学员授课。袁雪芬、常香玉、陈伯华、红线女等地方戏著名演员参加了教学、研究工作。同年6月1日至11日，刘秀荣被评为北京市社会主义建设积极分子，并出席了全国教育和文化、卫生、体育、新闻方面社会主义建设先进单位和先进工作者代表大会（全国文教群英会），受到刘少奇、周恩来、朱德、宋庆龄、邓小平等党和国家领导人的接见。

1961年12月9日，刘秀荣、张春孝随中国戏曲学校实验京剧团在上海中国大戏院公演，剧目有《小上坟》《香罗帕》等。当时在上海的吴祖光邀请夏梦、赵丹等电影界名人前去捧场。演出在上海引起轰动，一票难求。其他主要演员有钱浩樑、刘长瑜、李长春、王梦云等。1963年，刘秀荣、张春孝拍摄了戏曲艺术片《穆桂英大战洪州》，分别饰演穆桂英和杨宗保，该片由北京电影制片厂和香港繁华影业公司联合摄制，改编者崔嵬，导演崔嵬、陈怀皑，其他主要演员有朱秉谦、王梦云等。

1965年3月，刘秀荣和张春孝随中国戏曲学校实验京剧团到河北省张家口一带巡回演出，剧目为小戏《送肥记》。演出刚一结束，刘秀荣和张春孝即接到上级调令，次日便离开中国戏曲学校实验京剧团回到北京，前往北京京剧团报到。不久，刘秀荣、张春孝便随北京京剧团全体成员前往重庆渣滓洞体验监狱生活，为创作《红岩》做准备。同年4月20日，北京京剧团全体演职员奔赴上海，将《芦荡火种》重排为《沙家浜》。因赵燕侠身体不适，刘秀荣成为此次重排期间阿庆嫂的主要扮演者。同年5月1日，北京京剧团在上海人民大舞台公演《沙家浜》，引起文艺界轰动。1977年2月16日，刘秀荣、张春孝随团赴唐山慰问灾区演出，出发前，她特意为此次演出编创了一段娃娃调，并前往叶盛兰先生家请教。

1978年1月28日，刘秀荣与高盛麟合作在中国戏曲学校校庆演出上表演《打渔杀家》。同年6月26日，刘秀荣、张春孝随中国艺术团赴美国进行文化交流演出，领队赵起扬。艺术团在美国访问了纽约、华盛顿、洛杉矶、旧金山、明尼阿波利斯等多个城市，进行了30场演出。同年8月8日，艺术团于归国途中，在中国香港、澳门两地进行访问演出。

1979年5月23日，由中国京剧院三团李紫贵任导演、张春孝任副导演，刘秀荣、张春孝主演的《白蛇传》在北京市五道口工人俱乐部上演。同年9月，刘秀荣、张春孝作为中国京剧团三团主要演员随团赴朝鲜、日本等国参加政府文化交流演出，领队贺敬之，演出剧目有《拾玉镯》、《水漫金山》、全部《白蛇传》等；当月，《中国戏剧》第9期发表刘乃崇《端庄杂流丽　刚健含婀娜——记著名京剧演员刘秀荣》一文。同年，刘秀荣与张春孝、荀皓、任凤坡等合作编排了新《十三妹》，此外，她随中国京剧团三团赴加拿大演出。

1980年，刘秀荣因主演新《十三妹》中何玉凤一角而获得“文化部直属院团一九八〇年新创作、新改编、新整理剧（节）目观摩评比演出”戏曲表演一等奖，张春孝凭此剧获得戏曲导演三等奖、戏曲表演二等奖和戏曲剧本整理专项奖。副导演荀皓、任凤坡获得了导演奖，扮演何纪的刘学钦获得了表演二等奖，扮演青云山大师兄飞虹的常贵祥获得了表演三等奖，另外该剧获得了集体演出奖。

1981年9月，“刘秀荣”作为词条被上海辞书出版社出版的《中国戏曲曲艺词典》收录，刘秀荣与杨秋玲、李炳淑、张继青、郑兰香等演员作为中华人民共和国成立后第一批培养起来的优秀人才被该书介绍。同年10月21日，由文化部、中国戏剧家协会、中国戏曲学校和中国京剧院联合主办的“杰出戏曲教育家、戏曲艺术家王瑶卿先生诞辰百年纪念”座谈会，在北京政协礼堂举行。同年10月22日至26日，“王瑶卿先生诞辰一百周年纪念演出”举行，张君秋、王玉蓉、谢锐青和其他演员杜近芳、马长礼合作演出王瑶卿编剧、整理和参加表演过的《悦来店能仁寺》《柳荫记》等剧，刘秀荣主演王派名剧《珍珠烈火旗》。

1982年4月11日，刘秀荣与刘长瑜代表中国京剧院出席在北京新侨饭店举办的、由中国戏剧家协会与《人民戏剧》联合举办的“首都中青年演员座谈会”，畅论在戏剧界如何建设高度的社会主义精神文明。中国京剧院排演新剧《沉海记》，刘秀荣、张春孝首演，邹忆青、戴英禄合作编剧。

1983年2月，中国戏剧家协会连续举办座谈会，畅谈戏剧团体体制改革的问题。刘秀荣作为戏曲界人士先后出席两次座谈会，其余戏曲界人士还有张庚、马彦祥、张东川、胡沙、俞琳、田蓝、张云溪、魏喜奎、刘长瑜、孙毓敏、丛光桓、洪雪飞、侯少奎、蔡瑶铣、马泰、刘萍、张淑桂、谷文月、王凤芝、甄莹、侯新、武春生。还有20余位话剧界人士也出席了这两次座谈会。同年3月29日至7月1日，刘秀荣随中国京剧院赴欧演出团（主要以中国京剧院三团演员组成），先后赴西班牙、法国、瑞士、意大利等国进行商业演出，领队王一达。演出团共访问了巴塞罗那、马德里、巴黎、里昂、第戎、戛纳、日内瓦、热那亚等多个城市，演出83场。刘秀荣、张春孝的《白蛇传》和《香罗帕》令欧洲观众印象深刻。同年7月22日，史若虚因心脏病突发病逝。当月28日，刘秀荣、张春孝参加史若虚遗体告别仪式。于1983年第9期《中国戏剧》上，刘秀荣发表了题为《愿以寸草心，奉报三春晖——痛悼史若虚老校长》的文章。

1984年1月12日至16日，为纪念尚小云八十五周年诞辰，中国戏剧家协会、中国戏剧家协会北京分会、中国戏剧家协会陕西分会、中国京剧院、北京京剧院、中国戏曲学校、北京市戏曲学校在北京联合举办了隆重的纪念活动。为了表达对尚小云先生的怀念，为了推动尚派艺术的继承和发展，尚小云先生的亲传弟子、再传弟子和曾受到尚小云教益的学生们，以及和尚小云生前在舞台上多年同台演出的合作者云集北京，举行了为时5天的纪念演出，演出了尚派名剧。刘秀荣在这次纪念演出中主演了《双阳公主》。同年10月26日，北京人民剧场举行"梅兰芳诞辰九十周年纪念演出"，第4场演出中，刘秀荣与张春孝、袁国林、吴钰璋联袂出演《穆柯寨》。

1986年11月3日，刘秀荣、张春孝随中国京剧院三团在日本东京昭和女子大学人见纪念讲堂演出《白蛇传》，刘秀荣饰演白素贞，张春孝饰演许仙，刘琪饰演青儿，袁国林饰演法海。

1990 年 11 月，中国艺术研究院为刘秀荣的舞台演出录制视频，李愚导演。剧目有《拾玉镯》《平贵别窑》《秋江》《小上坟》等，主要出演者包括刘秀荣、张春孝和刘长生。

1991 年 1 月 16 日，刘秀荣、张春孝在北京人民剧场举办“著名京剧表演艺术家刘秀荣艺术生活四十五周年专场演出”，二人宣告从此淡出舞台。

:: 1952 年，17 岁的刘秀荣首演田汉大师的《白蛇传》并荣获全国大奖。刘秀荣拜师王瑶卿先生，继承传播王派艺术

:: 刘秀荣拜师尚小云先生，师徒合影

:: 张春孝拜师著名京剧表演艺术家叶盛兰先生

:: 1950 年，中国戏曲学校建校初期，戏校组织游园，刘秀荣（左）、戴新兰（右）在颐和园与史若虚老校长合影留念

:: 刘秀荣、张春孝与萧长华老校长合影

:: 与梅兰芳大师合影，左起：梅兰芳、徐再容、张春孝、刘淑文

:: 与梅兰芳、俞振飞二位大师合影，左起：张春孝、俞振飞、梅兰芳、张启洪

:: 谢锐青（左）、刘秀荣（右）与梅兰芳大师演出《洛神》合影

:: 1955 年，刘秀荣为梅兰芳舞台生活 50 周年纪念演出《穆柯寨·穆天王》配演女兵，左起：孔昭、谢锐青、梅兰芳（饰穆桂英）、刘秀荣、宋丽芬

:: 夫妻二人与著名京剧表演艺术家张君秋先生合影

:: 1953 年，18 岁的刘秀荣随中国京剧院赴东欧访问演出，与著名京剧表演艺术家李少春先生在德国合影留念，左起：刘洵、何春泰、刘秀荣校友、刘秀荣、李少春

:: 夫妻二人与著名京剧表演艺术家李洪春义父合影

:: 张春孝与著名京昆表演艺术家俞振飞先生合影

:: 张春孝与著名表演艺术家崔伟先生合影

:: 夫妻二人与著名京剧表演艺术家历慧良先生合影

:: 夫妻二人与著名京剧表演艺术家张世麟先生合影

:: 刘秀荣与著名京剧表演艺术家胡芝风（左）、宋长荣先生（右）合影

:: 刘秀荣与著名京剧表演艺术家闫世善先生合影

∷ 刘秀荣与著名导演陈怀皑先生合影

∷ 夫妻二人与著名京剧表演艺术家合影，前排右起：李万春、李洪春、王金璐；后排左起：刘秀荣、李甫春、李润、张春孝

:: 刘秀荣与著名表演艺术家俞振飞先生（前右）、时任艺术局马彦祥局长（前左）、著名京剧表演艺术家杜近芳先生（后右）等合影

:: 1978年4月，刘秀荣随中国艺术团赴美国和中国香港、澳门访问演出，与著名京剧表演艺术家张春华先生演出《秋江》。张春华（前中）与叶红珠（右二）、许俊德（后左二）、张维谦（左一）等艺术家合影

:: 1978年，刘秀荣随中国艺术团访问美国，与景荣庆（右）、李少春（左）演唱《沙家浜》“智斗”选段

:: 1978年，中国艺术团赴美国和中国香港、澳门访问演出，刘秀荣在香港新华社与著名钢琴演奏家刘诗昆先生合影

:: 1991 年，“著名京剧表演艺术家刘秀荣艺术生涯四十五周年专场演出”举办。在新闻发布会上著名京剧表演艺术家袁世海先生热情讲话

:: 刘秀荣与著名表演艺术家于洋先生合影

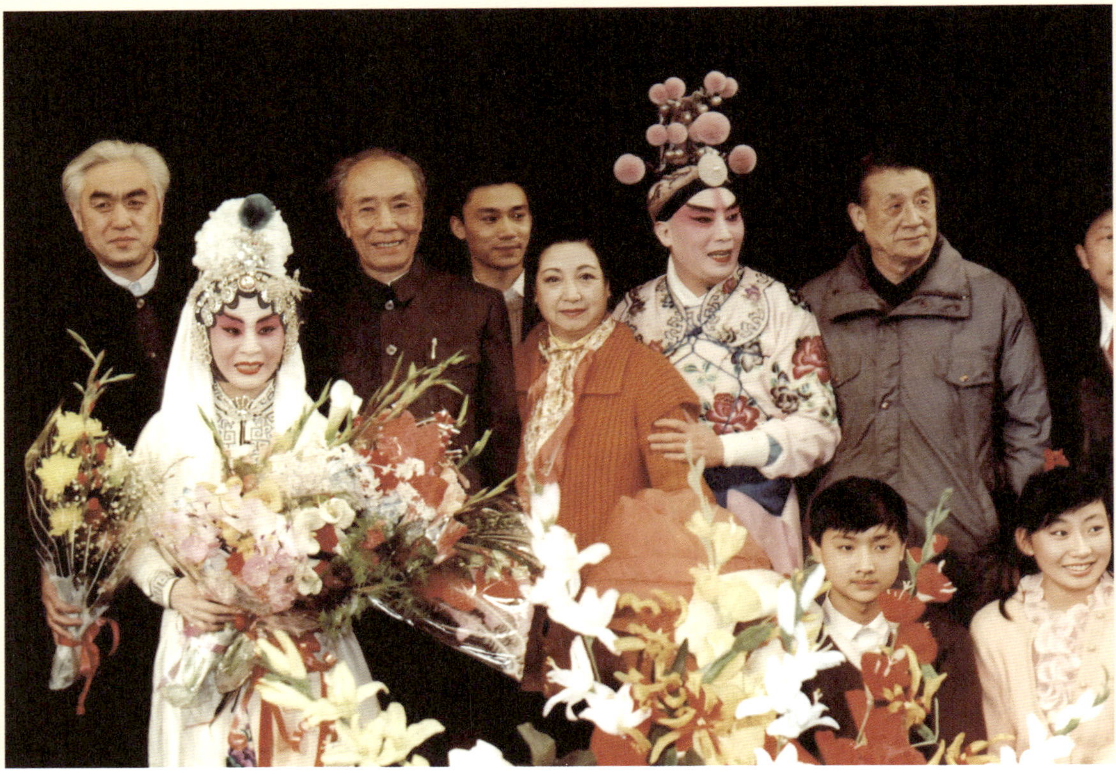

:: 1991 年，“著名京剧表演艺术家刘秀荣艺术生涯四十五周年专场演出”举办。刘秀荣与老院长马少波、吕瑞明、著名京剧表演艺术家杜近芳先生等人合影

:: 刘秀荣与程玉菁（左）、于玉蘅（右）两位老师合影

:: 夫妻二人与电影明星舒适先生合影

:: 夫妻二人与著名京剧表演艺术家刘雪涛先生合影

:: 刘秀荣与著名京剧表演艺术家张学津先生合影

:: 夫妻二人与著名京剧表演艺术家合影，左起：李玉声、张春孝、马长礼、刘秀荣、小王玉荣

: 刘秀荣与著名京剧表演艺术家李玉茹先生合影

:: 夫妻二人与著名京剧表演艺术家王则昭先生合影

: 夫妻二人与老舍先生夫人胡絜清先生合影

:: 夫妻二人与著名京剧表演艺术家吴素秋先生合影

: 夫妻二人与著名京剧表演艺术家李和曾（右一）先生留影

:: 夫妻二人与李紫贵导演、恩师合影

:: 刘秀荣与著名相声表演艺术家侯宝林先生，著名京剧表演艺术家李洪春义父等艺术家合影

:: 刘秀荣与著名艺术家骆玉笙先生合影

:: 张春孝与著名表演艺术家秦怡先生合影

:: 夫妻二人与著名表演艺术家王铁成先生合影

:: 夫妻二人与著名画家徐悲鸿先生的夫人廖静文合影

:: 刘秀荣与著名评书艺术家刘兰芳（左二）在全国政协会议上

:: 刘秀荣与著名表演艺术家谢添（左一）、马泰（右二）等艺术家合影

:: 刘秀荣赴东欧出访演出，与歌唱家郭淑珍合影

:: 刘秀荣与著名表演艺术家王铁成（右）、曹灿（左）先生合作演唱《沙家浜》“智斗”选段

:: 夫妻二人与著名戏剧评论家刘曾复先生合影

:: 夫妻二人与著名京剧表演艺术家梅葆玖先生合影

:: 夫妻二人与著名京剧表演艺术家谭元寿（右一）先生留影

:: 刘秀荣与北京电视台著名主持人孔洁先生合影

:: 夫妻二人在北京电视台《夫妻剧场》节目接受著名主持人英达采访

∷ 2014 年，夫妻二人均 79 岁，与著名艺术家们八秩华诞合影留念，“金猪拱门，友情欢聚”，欢聚一堂共贺猪年大吉。中排左起：胡宝善、张春孝、刘秀荣、王玉珍、石维坚、刘秉义、叶佩英、姜嘉锵。后排左起：杨洪基、王亦满、雷恪生、王铁成、白淑湘、马精武、曹灿、程志、王紫薇、李光义、陈铎、吴式锴、韩芝萍、钱致文、金家勤、陈醉

【第二章】

演出风采

秀美花衫出神韵
俊俏小生展风姿

刘秀荣·篇

刘秀荣在认真继承王（瑶卿）派艺术的基础上，更力图以王派艺术的风格、特色，去创造更多的新角色，如在《战洪洲》《游西厢》《木兰从军》《金锁恩情》《沉海记》和现代戏《四川白毛女》《朝阳沟》《沙家浜》等剧中都有许多可贵的创新。她并没有像有的流派传人那样，仅仅拘守在老师的几出看家戏上，不敢越雷池一步。她不仅继承了老师的艺术，而且学习了老师的革新精神，正如她自己说过的："我所应当继承的，不仅是老师既有的艺术成果，更要继承老师不拘于传统的表演形式，在发展中求变化、求进取的革新精神，使京剧艺术事业跟着时代的步伐永远前进"。刘秀荣就是本着这样一个信条，在她的艺术道路上求索前进的。

刘秀荣还牢记着老师所谆嘱的"要想台上有（绝的），就得肚子里宽绰"。她善于广撷博采，多方求益，竭力充实自己的艺能，丰富艺术表现的手段，常年不息。刘秀荣在四维剧校学习时，主要是攻花旦一门，及至解放初年，她在舞台上常演的，还多是《下河南》的媒婆、《豆汁记》的金玉奴、《小上坟》的萧素贞、《小放牛》的村姑和昆曲《下山》的尼姑色空、《春香闹学》的春香一类角色。1952年之后，她的戏路子便逐渐打开，越演越宽。除了潜心学习王派剧目，她还向萧长华老先生学了《拾玉镯》《大英杰烈》；向尚小云先生学了《失子惊疯》；向俞振飞、言慧珠老师学了《百花赠剑》《奇双会》；向华慧麟老师学了《扈家庄》。此外，她演了梅派《贵妃醉酒》等剧目，并向兄弟剧种，如秦腔、川剧、湖南花鼓戏汲取营养。

刘秀荣在艺术成长的历程中，还得力于著名戏曲导演李紫贵、刘木铎等名家的教益，著名电影导演崔嵬、陈怀皑对她也有过许多指导。这一些，也是她在艺术造诣上不断长进，有所成就的因素之一。刘秀荣主演的《白蛇传》《四川白毛女》和影片《穆桂英大战洪洲》都堪称是成功之作，应该说是她的代表作，其中就融会了导演们为之倾注的心血和刘秀荣虚心接受指导的成果。

大眾劇場

中國戲曲研究院京劇實驗工作團第一團演出

徐志良 曹韻清 李和曾 林鶴竹 楊少龍 葉盛蘭 李益春 張玉禪 李維坤 馮玉亭 李秉恒 李益仲 張盛利 曹連孝

董鶴春 婁振奎 李世霖 趙永泉 袁世海 沈三玉 江世玉 鮑盛啓 杜近芳 蕭盛萱 馬士英

湯懷自刎　上天台　轅門射戟　霸王別姬

中國戲曲研究院戲曲實驗學校學生演出

白良關　三岔口　孔雀東南飛

:: 1951 年为配合新中国颁布的第一部婚姻法，刘秀荣恩师王瑶卿先生为刘秀荣赶排《孔雀东南飞》

:: 王瑶卿先生排演《孔雀东南飞》，刘秀荣饰刘兰芝、张春孝饰焦仲卿

:: 《孔雀东南飞》刘秀荣饰刘兰芝、刘长生饰焦母

∷ 《孔雀东南飞》刘秀荣饰刘兰芝、张春孝饰焦仲卿、刘长生饰焦母

∷ 《孔雀东南飞》刘秀荣饰刘兰芝、张春孝饰焦仲卿

∷《孔雀东南飞》刘秀荣饰刘兰芝（右）

∷《孔雀东南飞》刘秀荣饰刘兰芝

白蛇传

:: 《白蛇传》刘秀荣饰白素贞、宋锋饰鹿童

:: 《白蛇传》刘秀荣饰白素贞、张春孝饰许仙、刘琪饰小青

:: 《白蛇传》刘秀荣饰白素贞、张春孝饰许仙、李华饰小青

:: 《白蛇传》刘秀荣饰白素贞、张春孝饰许仙、李华饰小青

∷《白蛇传》刘秀荣饰白素贞、张春孝饰许仙

:: 《白蛇传》刘秀荣饰白素贞、张春孝饰许仙

∷《白蛇传》刘秀荣饰白素贞、张春孝饰许仙

::《白蛇传》刘秀荣饰白素贞

::《白蛇传》在日本东京访问演出

:: 《白蛇传》张春孝饰许仙

:: 1952年10月6日，中华人民共和国成立后在北京举办第一届全国戏曲观摩演出大会，刘秀荣主演田汉先生编剧的《白蛇传》，首演大获成功，刘秀荣的精彩演出获得京剧演员二等奖。同获二等奖的京剧演员有李万春、李宗义、李胜藻、李洪春、张君秋、张世麟、云燕铭、赵荣琛等。颁奖仪式在中南海怀仁堂举行，刘秀荣受到周恩来总理亲切接见，并合影留念

大衆劇場 一九五二年七月二日夜戲星期二 前門外鮮魚口小橋 電話七局二八一〇

中國戲曲研究院戲曲實驗學校演出

演劇人

劉許朱張鈕張王李印楊趙張祁遂鈕張劉金郭錢賀唐王蘇李史侯葉謝吳趙戴蔡

秀湘秉啓 曼榮開 啓德春之興 啓長 世浩春鐵雙 連燕正慶超春仲新叔

榮生譚洪驪玲增屏讓順之孝毅才鑠洪生桐華琛泰林喜移春生仁榮文奎茹蘭鄉

劇中人

白青許船知官陳許法法鶴鹿有熊知小童拿塔

素 太 極 客和小 神 將水 族

貞兒仙夫縣太彪氏役海本童童翁翁師尚官陀神

劇目

白蛇傳

★即金鉢記★

編劇 田漢

導演 李紫貴

思雨遊結盜婚見被郊結巡酒盜煎飛水斷合倒

凡歸湖緣銀別姉捕遇怨變山草藥關橋子鉢塔

北京市劇藝場業同業公會聯絡委員會編印

六歲以下兒童謝絕入場 ※ 六歲以上兒童購票入場

:: 1952 年 7 月 2 日，在中国大众剧场，中国戏曲研究院戏曲实验学校演出《白蛇传》

1983年6月19日星期日

北京晚报

《白蛇传》在巴黎

六月七日晚上，巴黎《大会宫》内三千余名观众怀着浓厚的兴趣，欣赏中国京剧院赴欧演出团演出京剧《白蛇传》。全场观众情绪沸腾，不时为演员们细腻感人的表演，娓娓动听的唱腔和精彩的武打，发出爆炸般的掌声。

这出戏在巴黎共演三场，观众多达近万人次。戏中的主要人物白素贞、许仙、法海和小青，分别由刘秀荣、张春孝、朱秉谦和李华饰演。每场演出，谢幕多达七、八次，剧场出口处常出现观众争相要求演员签名或合影留念的场面。对中国京剧艺术颇有研究的法国朋友波特布瓦观后带着赞许的口吻说："《白蛇传》虽然是一出以文戏为主的京剧，但由于剧情迷人，演员功夫到家，感情真切，唱、念、做、打融为一体，法国观众能接受，看这出戏是一种艺术享受。"一位中学女教员赛妮勒曾看过《白蛇传》小说。这次她带了学校的十多位同事一起来欣赏。她兴奋地说："这出戏好极了，我一连看了三场，方有解渴之感。"另一位来自台湾的同胞看完戏后紧紧地握着记者的手感慨地表示，中国古老的京剧艺术在大陆不仅完美地保存着，且有不少创新。台湾报纸上经常宣传"大陆糟塌古老的传统艺术"之说，看来纯属骗人的伎俩。不少观众还认为，看京剧折子戏不过瘾，还是全戏好，既有完整的故事情节，又能领略中国京剧艺术的全貌。

戏中主要演员的表演也受到好评。法国《解放报》在题为《中国京剧在巴黎》的文章中高度评价说："演员水平整齐，文武全能，戏路很宽，大都演得恰到好处。"在艺术上造诣较深的中国血统的法国人汤令仪女士也赞扬刘秀荣嗓子圆润，演技全面，善于维妙维肖地塑造各种人物，特别是"断桥"这场戏，刘秀荣把白娘子对法海的恨，对许仙的怨和爱以及对小青的恋恋不舍的多种复杂的心理活动表现得淋漓尽致，令人回味无穷。

京剧《白蛇传》在巴黎演出成功，与演出团非常注重演出效果是分不开的。他们根据国外的具体情况和法国观众的口胃，每场演出之前增加了概要地剧情介绍，大胆压缩了一些不必要的情节和删掉了外国观众难以听懂的道白，而不断充实艺术表演，加强虚拟性的程式动作，使外国观众容易理解和接受。

本报驻巴黎记者 黄之豪

:: 1983 年 6 月 19 日，《北京晚报》刊登《〈白蛇传〉在巴黎》

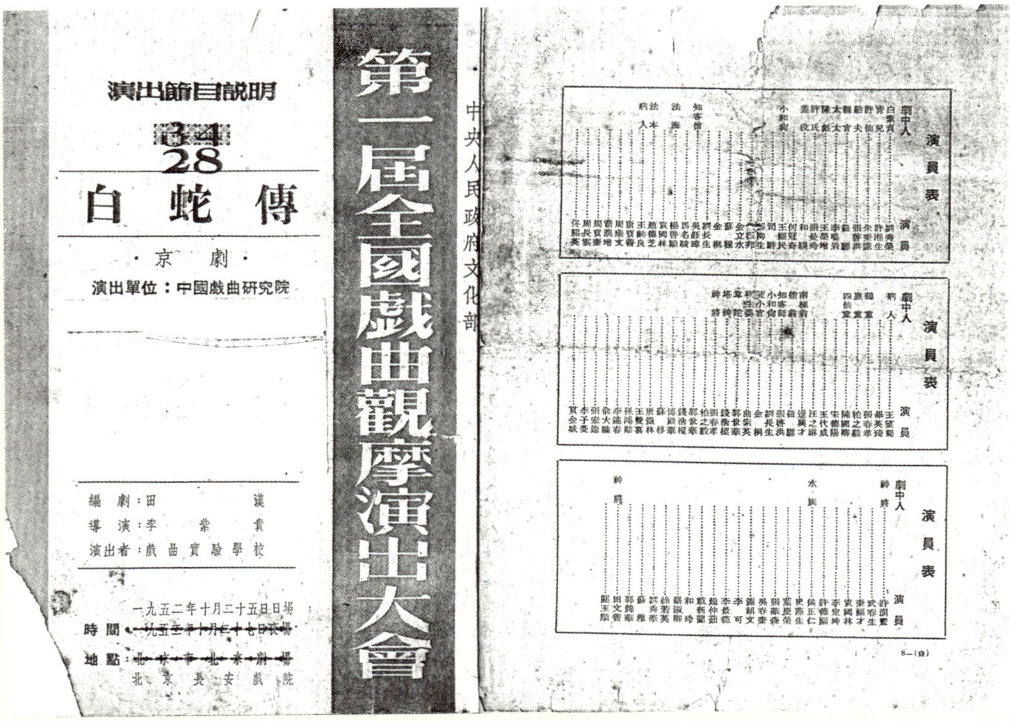
第一屆全國戲曲觀摩演出大會

中央人民政府文化部

演出節目說明

28

白蛇傳

·京劇·

演出單位：中國戲曲研究院

編劇：田漢

導演：李紫貴

演出者：戲曲實驗學校

時間：一九五二年十月二十五日日場

地點：北京長安戲院

演員表

演員表

演員表

8—(白)

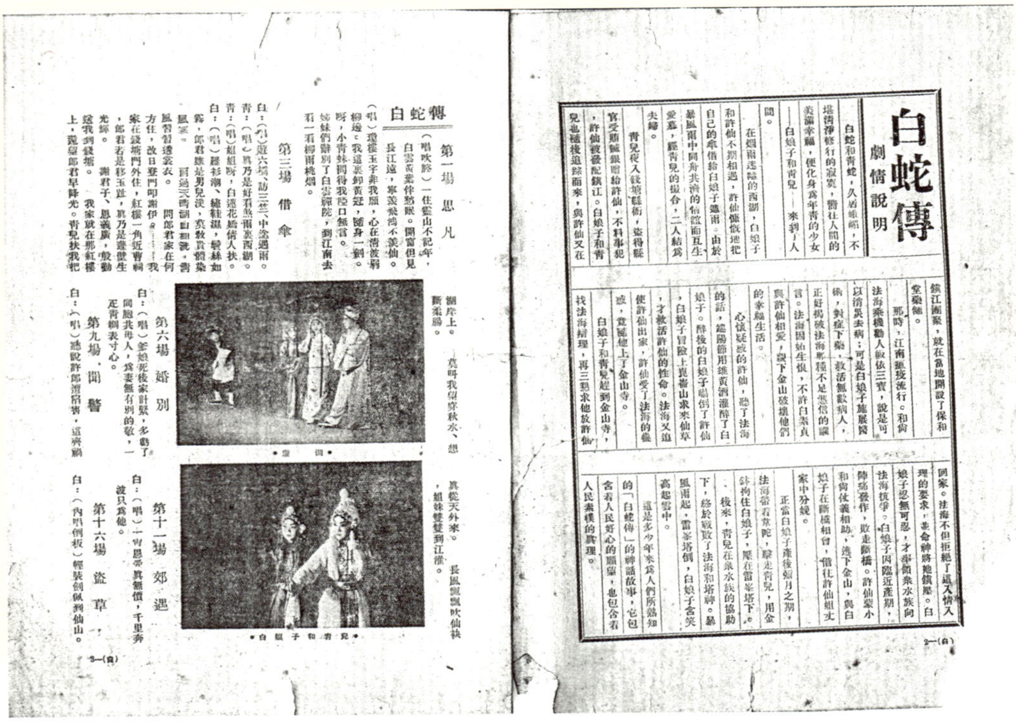
白蛇傳

第一場 思凡

（唱吹腔）一住靈山不記年，白雲黃葉伴愁眠。開窗但見長江遠，寧羨飛鴻不羨仙。

（唱）瓊樓玉宇非我願，心在清波弱柳邊。我這裏卸黃冠，隨身一劍。呀，小青妹悶得我穩口無言。姊妹們辭別了白雲禪院，到江南去看一看柳雨桃烟。

湖岸上。莫叫我望穿秋水、想斷柔腸。

真從天外來。長風飄飄吹仙袂，姐妹雙雙到江淮。

第三場 借傘

白：（唱）遊六橋、訪三竺、中途遇雨。

青：（唱）眞乃是好看煞雨裏西湖。

青：（唱）姐姐呀，白蘋花嬌倩人扶。

白：（唱）羅衫潮、繡鞋濕，髩絲如霧，郎君雖是男兒漢，莫教貴體染風寒。

風習習透裳衣。問郎君家在何方住，改日登門叩謝伊。我家在錢塘門外住，紅樓一角近曹祠，郎君若是移玉趾，眞乃是蓬蓽生光輝。謝君子、恩義廣，殷勤送我到錢塘。我家就在那紅樓上，望郎君早降光。青兒扶我把

第六場 婚別

白：（唱）爹娘死後家計緊，多虧了同胞共母人，爲妻無有別的敬，一疋青綢表寸心。

第九場 鬭瞽

白：（唱）適說許郎遭陷害，這齊鍋

第十一場 郊遇

白：（唱）一宵恩愛眞無價，千里奔波只爲他。

第十六場 盜草

白：（內唱倒板）輕裝劍佩到仙山。

·遊湖·

·白娘子和青兒·

3—(白)

白蛇傳

劇情說明

白蛇和青蛇，久居峨嵋，不堪清淨修行的寂寞，嚮往人間的美滿幸福，便化身爲年青的少女——白娘子和青兒——來到了人間。

在烟雨迷濛的西湖，白娘子和許仙不期相遇，許仙慷慨地把自己的傘借給白娘子遮雨。由於暴風雨中同舟共濟的情誼而互生愛慕，經青兒的撮合，二人結爲夫婦。

青兒夜入錢塘縣衙，盜得縣官受賄的銀兩贈給許仙，不料事犯，許仙被發配鎮江。白娘子和青兒也隨後追踪而來，與許仙又在鎮江團聚，就在當地開設了保和堂藥舖。

那時，江南瘟疫流行。和尚法海乘機勸人皈依三寶，說是可以消災去病；可是白娘子施展醫術，對症下藥，救活無數病人，正好揭破法海那種不足憑信的謠言。法海因此生恨，不許白素貞與許仙相愛，設下金山破壞他們的幸福生活。

心懷疑慮的許仙，聽了法海的話，端陽節用雄黃酒灌醉了白娘子。醉後的白娘子嚇倒了許仙，白娘子冒險上崑崙山求來仙草，才救活許仙的性命。法海又追使許仙出家，許仙受了法海的蠱惑，竟隨他上了金山寺。

白娘子和青兒趕到金山寺，找法海評理，再三懇求他放許仙回家。法海不但拒絕了這入情入理的要求，並命神將她鎮壓。白娘子忍無可忍，才率領衆水族向法海抗爭。白娘子因臨近產期，陣痛發作，敗走斷橋。許仙蒙小和尚仗義相助，逃下金山，與白娘子在斷橋相會，偕往許仙姐丈家中分娩。

正當白娘子產後彌月之期，法海帶着韋陀，驅走青兒，用金鉢拘住白娘子，壓在雷峯塔下。

後來，青兒在衆水族的協助下，終於戰敗了法海和塔神。暴風雨起，雷峯塔倒，白娘子含笑高起雲中。

這是多少年來爲人們所熟知的「白蛇傳」的神話故事，它包含着人民好心的願望，也包含着人民素樸的眞理。

2—(白)

:: 第一届全国戏曲观摩演出大会演出节目单《白蛇传》

（走邊上唱）不由素貞淚不乾，悔當初不聽那青兒語，端陽佳節把杯貪。官人詫在青兒手，不採靈芝誓不還。大膽且把山崗探，呀！山門神將好威嚴，莫奈何轉到後山上。素貞低頭苦哀告，善聲仙官聽我言，我本是素貞白氏女，也曾峨嵋把禪參，只爲思凡把山下，與許郎結配在江南，我夫不幸染重病，特採靈芝到仙山。　仙佛本是慈悲種，應替人間救危艱。　只要取得回生草，姑娘九死也心甘。　恕你姑娘罪不繼。　接過靈芝珠淚滾，險些爲他一命傾，且喜官人得性命，急忙忙回轉鎮江城。

第十七場　煎藥

青：（唱）姐妹們原不慣道門寂靜，那有個白雲黃葉回轉山林，怕只怕老法海從中做梗，眼見得賢姐姐山盟海誓付與烟雲。倒不如同把山門進，殺了那老禿驢方趁我心。

白：（唱）仙山且喜如人意，不枉奔波十二時，急忙忙回轉江南地，只見青兒皺雙眉。　南極仙他要我回轉山林，小青妹也勸我捨棄官人。怎知我與官人愛深情定，我與他天荒地老，海枯石爛，永不離分。　小青妹你還是暴燥成性，這等事必須要三思而行。　叫賢妹速把這藥兒倒定，　但願得這一盞起死回生。

第十九場　聽潮

許：（唱）那一日園中焚寶香，夫妻們舉酒慶賀端陽。也是我心中多歡暢，不該把美酒勸妻房。白氏妻醉臥在牙床上，我與她端來了醒酒湯，用手撥開紅羅帳，嚇得我三魂七魄颺。莫不是疑心生魔障，莫不是我妻不尋常？悶沉沉來至在這江亭上，長江萬里勝錢塘。

第二十場　飛槳

白：（唱醉花陰）一葉舟，忙來到，都只爲忠難夫妻恩愛好，因此上犯波濤，只恐怕郎意不堅，信禿驢把紅粉輕拋。想當時在湖上雙雙泛棹，卻怎經得起無情劍砍斷了鳳友鸞交。　雙槳如飛金山往。要與禿驢鬪一場。

第廿一場　水門

白：（唱）那許郎他與我心性一樣，立下了山海誓，願做鴛鴦。望禪師開大恩把許郎釋放，我夫妻結草啣環，永不相忘。

青：（唱）聽一言不由我怒高千丈，罵一聲老匹夫細聽端詳。我小姐與許郎歸隨夫唱，老匹夫活生生拆散

•水門之一•

還我許郎。　白素貞救貧病千百以上，江南人都歌頌白氏娘娘，也不知誰是那害人孽障？害得我夫妻們兩下分張。　老禪師縱有那青龍禪仗，敵不過宇宙間情理昭彰。

第廿三場　斷橋

白：（內唱倒板）殺出了金山寺怒如烈火！（哭頭）狠心的官人哪，恨禿驢無故起風波。官人不該辜負我，害得爲妻受盡了折磨。　我也曾對官人，發下誓願，夫妻們相信賴、不要猜嫌。海可枯、石可爛、兩心不變，爲姐我縱九死不悔前言。　風雨西湖識郎面，怎知道良緣是孽緣。端陽節後郎驚變，我爲你採藥到崑崙巔。爲妻有何虧負你？害得我有孕之身如此顛連？雖怪青兒她變了臉。　你有何面目來見嬋娟？

許：（唱）那一日病後精神倦，閒遊來到大江邊。法海乘機將我勸，他道我與佛門有因緣。到金山留我在文殊院，不許回家見嬋娟。我也曾私下修書轉。　那幾夜我何曾得安眠？賢妻金山將我探，咫尺天涯見無緣。法海與你來交戰，卑人心中似箭穿。怒沖沖逃出文殊院，千里奔波斷橋邊。今日與你來見面，縱死黃泉也心甘。

白：（唱）聽罷言來心意轉，許郎果不負嬋娟，扶起冤家重相見。

•水門之二•

白：（唱）小青兒性粗魯，出言無狀，怎比得老禪師量似海洋。我如來對衆生平等供養，才感得有情者共禮空王。　在湖上結良緣歸隨夫唱，懷下了九月胎就要離娘。望禪師且替我素貞着想，發下了大慈心

•斷　橋•

難得是患難中夫妻重見，有道是一家人有什麼仇冤？賢妹妹攙扶我清波門轉，且回頭避雨處風景依然。

第廿七場　鉢覆

許：（唱）老法海作事好無理，再三地逼迫我傷害賢妻。拼着那五雷火將我來劈，也不肯金山寺再去皈依。我這裏將金鉢急忙丟棄，……娘子啊，快提防老法海不要遲疑！

第廿八場　別子

白：（唱）一月來坐床褥身疲力怠，今日裏整精神重對粧台，生下了小嬌兒闔家慈愛，但願得從今後琴瑟和諧。

白：（唱）（唱倒板）聽說青兒她不在，諒淒淒珠淚落讀腮。黃金鉢一陣陣將我蓋，拉住了許郎失不放鬆，我爲你風雨中傾心相愛，我爲你家中事細意安排；我爲到鎮江同把藥賣，我爲你上仙山盜草回來；我爲你金山寺大戰法海，我爲你十月懷胎、生下小嬰孩；百般相負我的心不改，這一回又害我太不應該，生離死別難等待（叫頭）許郎夫吓！接過嬌兒淚如海，可憐你一月間就離娘懷，再不能抱兒餵乳奶，再不能親把兒的衣裳裁。（兒啼）小嬌兒只哭得娘心碎！　兒不必哭啊啊，你是帶着屠刀念彌陀。任你罩下黃金鉢，人間的情愛總不磨。

許：（唱）走向前來忙叩拜，望求師父把恩開。念白氏待我終不壞，念白氏爲我十月懷胎，夫妻恩愛且不講，懷中的嬰兒怎丟開。　聽罷言來心驚駭，我夫妻今日事不諧，往日恩情今難再。　不由怒氣滿胸懷。悔不該金山把佛拜，輕聽法海惹禍災，左思右想無可奈，罷！打破金鉢救裙釵。

•合　鉢•

本期目錄

中國戲曲研究院戲曲實驗學校簡介

戲曲實驗學校是在中國戲曲研究院領導下培養青少年的戲曲工作者的教育部門，以訓練戲曲演員爲主，另設有戲曲音樂班和舞台美術班。演員的訓練包括練嗓、歌唱、基本動作、基本武功、排戲……等項，同時批判的接受中國戲曲的豐富遺產，使學生能於將來畢業之後，担任創造民族新歌舞劇的任務。除業務教育外，同時注意學生的政治教育，通過政治教育來保證學習和使學生準備爲人民服務的基本條件。業務學習均有計劃的與實習相結合。該校教授教員多爲戲曲界的老前輩——從前最著名的演員，和一些音樂、美術專家。校長爲王瑤卿先生。

•白素貞•

職員表

職務	姓名		
舞台監督	梁蓮柱	蕭富光	
劇務	趙雅枫	趙榮欣	安莉
	王詩英		
服裝	德思林	薛水平	李桃春
	張秀垣		
道具	胡培貴	曹成俠	
裝裝	郭耀顯	李秀芳	趙秀霞
音樂	于善民	何啓佑	馬竹青
	關維農	陶筠	關寶泉
	張桂來	松文明	姚德林
	陳文榮	馬子鈞	張桂良
	王世榮	孔祥昌	趙琳
	張新民	李穠	王夢雲
燈光	田還志	劉義新	
佈景	王金森	郭子良	關鑽琦

::《豆汁记》刘秀荣饰金玉奴、刘长生饰金松

:: 《豆汁记》刘秀荣饰金玉奴

:: 《豆汁记》张春孝饰莫稽

:: 《豆汁记》张春孝饰莫稽

::《百花赠剑》刘秀荣饰百花公主、张春孝饰海俊

貂蝉

::《貂蝉》刘秀荣饰貂蝉、张春孝饰吕布

:: 《貂蝉》刘秀荣饰貂蝉、张春孝饰吕布

::《貂蝉》刘秀荣饰貂蝉

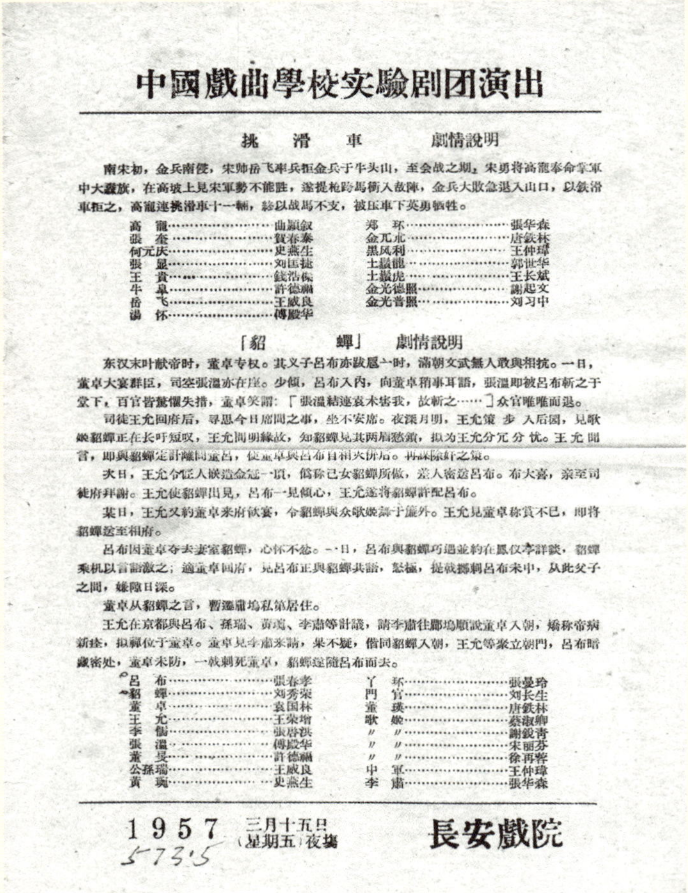

中國戲曲學校实驗剧团演出

挑滑車　劇情說明

南宋初，金兵南侵，宋帅岳飞率兵拒金兵于牛头山，至会战之期，宋勇将高寵奉命掌軍中大纛旗，在高坡上見宋軍勢不能胜，遂提枪跨馬衝入敌陣，金兵大敗急退入山口，以鉄滑車拒之，高寵連挑滑車十一輛，終以战馬不支，被压車下英勇牺牲。

高　寵	曲顯叙	郑　环	張华森
張　奎	賀春泰	金兀朮	唐鉄林
何元庆	史燕生	黑风利	王仲瑋
張　显	刘匡捷	土鬚龍	郭世华
王　貴	錢浩樑	土鬚虎	王长斌
牛　皋	許德福	金光德照	謝起文
岳　飞	王威良	金光普照	刘习中
湯　怀	傅殿华		

「貂　蟬」　劇情說明

东汉末叶献帝时，董卓专权。其义子吕布亦跋扈一时，滿朝文武無人敢與相抗。一日，董卓大宴群臣，司空張溫亦在座。少傾，吕布入內，向董卓稍事耳語，張溫即被吕布斬之于堂下，百官皆驚懼失措，董卓笑謂：「張溫結連袁术害我，故斬之……」众官唯唯而退。

司徒王允回府后，尋思今日席間之事，坐不安席。夜深月明，王允策步入后园，見歌姬貂蟬正在长吁短叹，王允問明緣故，知貂蟬見其两眉愁鎖，拟为王允分冗分忧。王允聞言，即與貂蟬定計離間董吕，使董卓與吕布自相火併后。再謀除奸之策。

次日，王允令匠人嵌造金冠一頂，偽称己女貂蟬所做，差人密送吕布。布大喜，亲至司徒府拜謝。王允使貂蟬出見，吕布一見傾心，王允遂将貂蟬許配吕布。

某日，王允又約董卓来府飲宴，令貂蟬與众歌姬舞于簾外。王允見董卓称賞不已，即将貂蟬送至相府。

吕布因董卓夺去妻室貂蟬，心怀不忿。一日，吕布與貂蟬巧遇並約在鳳仪亭詳談，貂蟬乘机以言語激之；適董卓回府，見吕布正與貂蟬共語，怒極，提戟擲刺吕布未中，从此父子之間，嫌隙日深。

董卓从貂蟬之言，暫遷郿塢私第居住。

王允在京都與吕布、孫瑞、黄琬、李肅等計議，請李肅往郿塢順說董卓入朝，矯称帝病新痊，拟禪位于董卓。董卓見李肅来請，果不疑，偕同貂蟬入朝，王允等衆立朝門，吕布暗藏密处，董卓未防，一戟刺死董卓，貂蟬遂隨吕布而去。

吕　布	張春孝	丫　环	張曼玲
貂　蟬	刘秀荣	門　官	刘长生
董　卓	袁国林	董　璜	唐鉄林
王　允	王荣增	歌　姬	蔡淑卿
李　傕	張啓洪	〃　〃	謝毅青
張　溫	傅殿华	〃　〃	宋丽芬
董　旻	許德福	〃　〃	徐再蓉
公孫瑞	王威良	中　軍	王仲瑋
黄　琬	史燕生	李　肅	張华森

1957 三月十五日（星期五）夜場　　長安戲院

5735

::1957年3月15日，《貂蝉》在长安戏院演出，刘秀荣和张春孝订婚

:: 《四川白毛女》刘秀荣饰何长秀

:: 1957 年创演《四川白毛女》，刘秀荣饰何长秀、王梦云饰何母

春郊试马

:: 1959 年 7 月，刘秀荣在奥地利维也纳演出《春郊试马》并获国际金奖，刘秀荣饰樊梨花

:: 《香罗帕》刘秀荣饰赵蕊芝、柯茵婴饰赵夫人

:: 《香罗帕》刘秀荣饰赵蕊芝、柯茵婴饰赵夫人（右二）、孙婉华饰姨妈（右一）

:: 《香罗帕》刘秀荣饰赵蕊芝、张春孝饰欧阳子秀

∷《香罗帕》刘秀荣饰赵蕊芝、张春孝饰欧阳子秀

:: 《香罗帕》刘秀荣饰赵蕊芝

:: 《香罗帕》刘秀荣饰赵蕊芝

:: 《香罗帕》张春孝饰欧阳子秀

:: 《香罗帕》张春孝饰欧阳子秀

:: 《香罗帕》刘秀荣饰赵蕊芝（左一）、李华饰兰香（左二）、张春孝饰欧阳子秀（右二）、张华森饰老院公（右一）

:: 《小上坟》刘秀荣饰萧素贞

:: 《小上坟》刘秀荣饰萧素贞、刘长生饰刘禄景

:: 1964 年《朝阳沟》刘秀荣饰银环

:: 1964 年，《朝阳沟》刘秀荣饰银环、李光饰拴保、王梦云饰拴保娘、陈国为饰拴保妹妹

:: 1964 年，《朝阳沟》刘秀荣饰银环、李光饰拴保

:: 1964 年《朝阳沟》刘秀荣饰银环

京剧 **朝阳沟**

刘秀荣饰银环　李光饰栓宝

河南某校学生栓宝与女同学银环有婚约。栓宝生长农村，热爱劳动，响应党号召，回乡务农，并邀银环同往；而银环生长在城市，又受其母影响，摇摆不定，后因心爱栓宝，随之下乡。在劳动中，银环不能经受考验竟萌逃走之念，终在合作社长及栓宝母子的帮助下，幡然悔悟留在山区担起扫盲工作，参加生产，走上新路。

一九六四年由中国戏曲研究院实验京剧团根据豫剧改编演出由刘秀荣饰银环，李光饰栓宝。该剧生活气息浓厚，是京剧反映农村题材较成功的剧目，当时受到各界的肯定和欢迎。在唱腔、表演方面，亦为京剧现代戏做出了有益的探索。

:: 1998 年 3 月 26 日，《戏剧电影报》介绍京剧《朝阳沟》

:: 《穆桂英大战洪州》张春孝饰杨宗保（中）、李春城饰八贤王（左）、朱秉谦饰寇准（右）

:: 《穆桂英大战洪州》陈国为饰还乡（左一）、王梦云饰佘太君（左二）、刘秀荣饰穆桂英（右三）、李春城饰八贤王（右二）、朱秉谦饰寇准（右一）

:: 《穆桂英大战洪州》刘秀荣饰穆桂英、王荣增饰杨六郎

:: 《穆桂英大战洪州》演员群照，刘秀荣饰穆桂英、王荣增饰杨六郎

:: 《穆桂英大战洪州》刘秀荣饰穆桂英、张春孝饰杨宗保

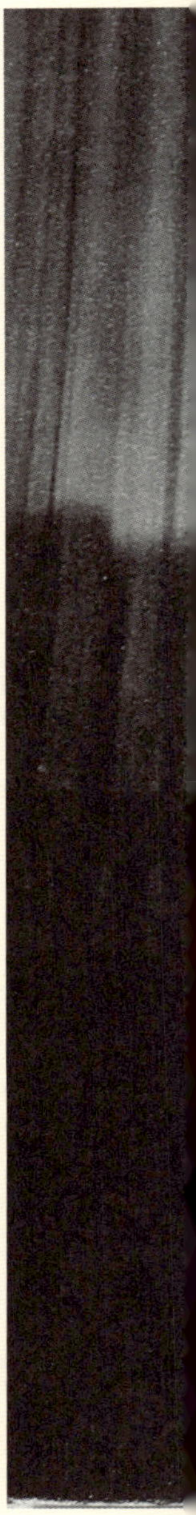

:: 《穆桂英大战洪州》刘秀荣饰穆桂英、张春孝饰杨宗保

:: 《穆桂英大战洪州》刘秀荣饰穆桂英

:: 《穆桂英大战洪州》刘秀荣饰穆桂英

:: 《穆桂英大战洪州》张春孝饰杨宗保、李光饰思乡

::《穆桂英大战洪州》张春孝饰杨宗保

:: 《穆桂英大战洪州》张春孝饰杨宗保

:: 1964 年，拍摄电影《穆桂英大战洪州》，留下了夫妻二人青春妙龄的艺术形象。刘秀荣饰穆桂英、张春孝饰杨宗保

新晚報　農曆戊午年七月十三日　（7）

見劉秀榮憶《戰洪州》

洪紅

藝術團到香港後，在記者招待會上，終於給我見到了劉秀榮，令人想起當年在大戰洪州裏的穆桂英，還是風采依然。

劉秀榮很文靜，但談到「四人幫」剝削掉她舞台實踐的大好光陰整整八年，劉秀榮就很難忍得住不激動。

當記者告訴她，《人民電影》（第六期）列出了《穆桂英大戰洪州》這齣影片的劇照多幅時，她的神情顯得有點半信半疑，却又有更多的關心，連說「是嗎？是嗎？我自己可沒有機會看這齣戲哩！」不必問為什麼，也知道那是為什麼了。

《穆桂英大戰洪州》是《楊門女將》的姊妹作。導演同是擅拍攝曲片的崔嵬、劉秀榮是中國戲劇學校出身，與《楊門女將》裏的穆桂英——楊秋玲又是同學。

當年，這兩齣電影上映的時候，不但叫京劇迷拍案，甚至是一般的影迷，相信至今仍是難忘的。《楊》片中的穆桂英是五十開外的人，但《穆》片中的穆桂英則只有廿五歲，當年的劉秀榮就把一個年青女英雄的嬌媚剛強，演得恰如其份，自然而突出。

「她是過去京劇四大名旦梅、程、荀尚中的尚小雲的得意門坐。尚小雲乃以英武颯爽見稱。看《穆》片中的劉秀榮的武功根基是了不起的，開打時，轉身快，靠旗不亂，金刀飛舞時，尺度嚴謹。環繞番將時，一枝花槍飛舞轉一圈，令人顛倒。今次隨團來港演出的《秋江》雖然是個文戲，但上船下船的程式比《打漁殺家》更豐富複雜。整齣戲自始至終都是描寫在江中小船上的情形，但舞台上既無船，又沒有江水，這一切就全靠演員的身段、腰腿上

彩色廣場

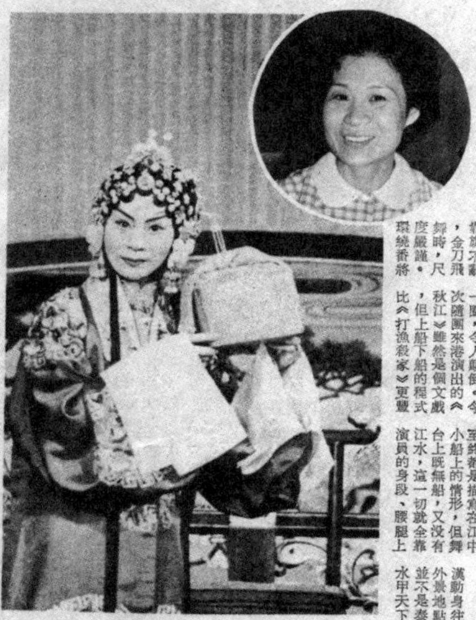

《戰洪州》中的劉秀榮接印掛帥扮相與她在招待會上的近影（右上角）

羽生名著《廣陵劍》 鳳凰「上泰山拍外景」

呂蕾

，是改編自武俠名家梁羽生的名著《廣陵劍》。對於這部武俠片，鳳凰公司相當重視，從策劃到籌備已有一大段日子，目前劇本已經搞出，由許先與江漢聯合執導演筒。為了使該片拍得更有氣勢，鳳凰公司已計劃好到泰山拍外景，許先和江漢將於近日先赴泰山了解當地情形，以及選取外景地點，然後就會拉外景隊到泰山開鏡。

日前見到導演許先，他笑着說已收拾好行裝，一俟有通知，便立即與江漢動身往泰山。問許先何以會選中泰山作為外景地點，因為印象中，小說所描述的地方並不是泰山，而是山水甲天下的桂林，桂林的山水這樣美，為何要捨桂林而取泰山

:: 1978 年 8 月 16 日，《新晚报》刊登《见刘秀荣忆〈战洪州〉》一文

::《穆桂英大战洪州》宣传册

崔嵬陳懷皚再顯身手

穆桂英大戰洪州

劉秀榮媲美楊秋玲

京劇藝術彩色巨片「穆桂英大戰洪州」，在港上映，對京劇迷和影迷來說，這是天大的一個喜訊。

「楊門女將」影片在港九上映後，觀衆的印象極深，京劇迷是感覺到京劇藝術的如此突飛猛進，又因爲「楊」片攝製技術的高超，培養了極大數量的京劇愛好者，使這個中國第一大劇種，受到更廣泛的認識與歡迎。

在「楊門女將」以前，所有採用舞台劇拍攝的電影，多數還不能突破舞台面的框子，因此在鑒賞之餘，總覺得畫面不夠生動，直至「楊」片上映，觀衆們纔感到耳目一新，在電影上的舞台藝術，顯得格外靈活透剔。導演崔嵬，既懂戲曲，又諳影藝，在他的處理之下，創造了一種新的風格，那就是「崔派藝術」。

崔派藝術之所以成功，我們可以用很簡單的幾句話來說明：看崔嵬導演的戲曲片，如果是戲迷，那所看到的和聽到的還是舞台戲。而在不懂戲曲的影迷看來，卻是一部好的電影，而並無違反電影一般性的感覺。最最使全體觀衆感到高興的，那就是凡是觀衆所想看的或想聽的，崔導演都給了我們，使我們得到了至高的滿足。

從「楊門女將」而「林冲雪夜殲仇記」而「穆桂英大戰洪州」，是不斷地在進步，不斷地有新的創造。

「戰洪州」的時代背景，要比「楊門女將」早二十多年，而劇中人物，則大致相同。在「楊」片裡，穆桂英已是五十左右的年紀，比較穩重沉着。但在「戰洪州」時，她不過二十五歲，血氣方剛，在行動舉止上就需要衝動大些。這一點導演掌握得非常正確，而劉秀榮亦演得恰到好處，所謂嫵媚剛強，兼而有之，把一個年青的女英雄，襯托得很突出而自然。

劉秀榮亦是中國戲劇學校出身，與楊秋玲是同學。她是尚小雲的學生。尚小雲是前輩四大名旦中武工最好的一位，唱工亦以高亢一路取勝。秀榮學有淵源，文武不擋，在她的唱腔中和台步上，我們依稀可以體會到尚派的影子，用在這部慷慨激昂的戲裡，頗爲適當。而後段開打，其刀法的純熟穩準，腰腿的靈活敏勁，想見她幼工根基之深，不愧青出於藍之譽。

這個劇本，原是當年王瑤卿自編自演的傑作，王派的戲多數以素描爲主、白口喜用京音，更爲接近生活，此戲又經崔嵬改編，在「寇準激將」、「宗保誤卯」、「翁媳相會」、「責打先行」各場，劇詞寫得非常緊湊，俏皮而不流於俗，配合在適當的表演中，天衣無縫。把觀衆引進戲裡，時起會心的微笑而嘆爲觀止。至於後部大戰場面，乃是崔嵬最最拿手之作，緊張火熾，檔子新穎。與「楊門女將」中的武場，各具千秋。

飾寇準的是朱秉謙，宗馬派，做表、白口、唱腔都很神似。飾八賢王的是李春城，嗓音清亮，宗譚派。飾佘太君的是王夢雲，和王晶華是同一路子而嗓子比王來得厚實。飾楊宗保的是張春孝，兼有姜妙香葉盛蘭的韻味。這班同學們，經常在一起切磋，因此搭配整齊，無懈可擊。

套一句劇詞來說：「穆桂英的威風又來了」！

·龍　公·

劉秀榮近照
（飾穆桂英）

❷ 翌日，趙德芳上朝稟知宋王，但朝中無人肯担此重任。他和天官寇準只得到天波府求佘太君。然而佘太君也表示，天波府已無可帥之兵。寇準靈機一動，計上心頭，以設筵爲名，騙開佘太君。

❸ 寇準拉了八賢王闖進天波府的校場，擂起金鼓，引出當年大破天門陣的穆桂英，這不是現成的元帥麼！寇準以激將之法，激起穆桂英的豪情壯志和殺敵報國之心，慨然上前，欲接帥印。

❶ 遼邦白天佐興兵犯宋。鎮守在洪州的楊延昭和十家總兵被困。延昭派兒子宗保回朝討救。宗保奉父命星夜突圍，闖出敵營，馬不停蹄的回朝，向八賢王趙德芳報訊。

「穆桂英大戰洪州」 ·簡介·

像年前上映的「楊門女將」一樣，彩色京劇故事片「穆桂英大戰洪州」寫的也是楊家將的故事，可以這樣說，這兩部片是一對姊妹作。

但，它們的故事不同，風格也各異。「楊門女將」是寫穆桂英的後期，那一年她剛滿五十歲，丈夫楊宗保不幸戰死沙場，她帶孝出征。「大戰洪州」中的穆桂英，歲數剛好少了一半。她年輕漂亮，楊文廣還在她的肚裡。「楊門女將」的風格，慷慨激昂悲壯。「大戰洪州」的調子，除慷慨激昂之外，卻是相當輕鬆俏皮的。

故事說，遼邦白天佐領兵進犯宋境，楊六郎兵困洪州，他派兒子楊宗保突圍回朝討救。朝中大臣無人敢担此重任，八賢王和天官寇準只得到天波府求佘太君出兵，無奈天波府也無可掛帥之人。聰明的寇準使計騙開佘太君，私闖校場，擂擊金鼓，引出穆桂英，以激將之法，使穆桂英慨然的接下帥印。但有元帥而無先鋒也是不行，寇準再使一計，使楊宗保接下先鋒之印。由於妻大夫少，翁媳身份相等，於是在行軍佈陣之時鬧了不少笑話。

電影最後以穆桂英刀劈白天佐告終，人心大快。

④ 就當穆桂英欲接帥印之時，佘太君突然現身攔阻，她表示桂英不能掛帥出征。八賢王大詫，細詢根由，方知桂英身懷有孕。但國難當前，桂英決心報國，太君被她所感，轉而竟讓她前去，並命思鄉、懷鄉相助。

⑤ 有元帥無先鋒也是不行啊！寇準向桂英保証一定給她一個稱心如意，來往方便的先鋒。他以代王賜酒爲名，在宗保頂髮的金盤上放上先鋒之印。宗保接印，大感意外。

演職員表

·演員表·

穆桂英……劉秀榮
楊宗保……張春孝
寇　準……朱秉謙
佘太君……王夢雲
趙德芳……李春城
楊廷昭……王榮增

·職員表·

改　編……汪　鬼
導　演……汪　鬼　陳懷皚
攝　影……黃心一
美　術……秦　威
錄　音……陳燕嬉
剪　接……傅正義

出版：香港繁華影業公司
承印：大衆橡皮印刷公司

媳婦當元帥　家翁臉紅紅

妻大夫小　楊宗保條氣唔順
軟硬兼施　穆桂英馴夫得法

⑧ 宗保一直就有輕視妻子之心，適值此時白天佐前來討戰，桂英認爲大兵剛到，人困馬乏，不宜遽戰。宗保譏她沒膽，瞞着桂英私自出兵，結果大敗而回，桂英執行軍法，把他實打四十，宗保罵她無情，桂英向他曉以大義，爲鞏軍心，不得不如此。

:: 《穆桂英大战洪州》宣传册

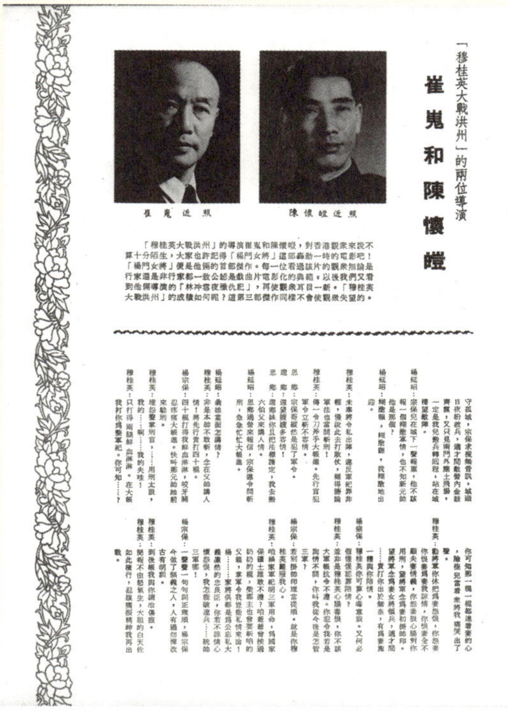

「穆桂英大戰洪州」的兩位導演
崔嵬和陳懷皚
崔嵬近照
陳懷皚近照

「穆桂英大戰洪州」的導演崔嵬和陳懷皚，對香港觀衆來說不算十分陌生，大家也許記得「楊門女將」這部轟動一時的電影吧！「楊門女將」便是他倆的首部傑作。每一位看過該片的觀衆無論是行家還是非行家都一致公認是戲曲片電影化的典範。以後我們又看到他倆導演的「林冲雪夜殲仇記」，再使觀衆耳目一新。「穆桂英大戰洪州」的成績如何呢？這第三部傑作同樣不會使觀衆失望的。

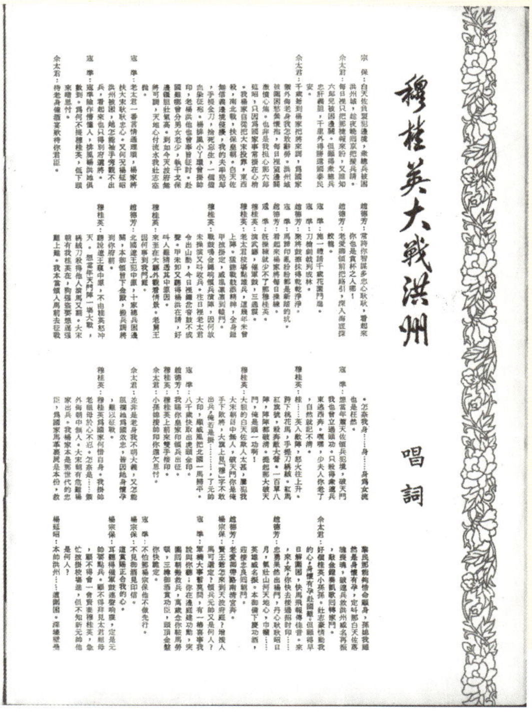

穆桂英大戰洪州
唱詞

穆桂英大戰洪州

楊宗保　他勇猛善戰。在影片中，他爲迎敵心切，竟不顧軍紀，私自領兵出戰，結果大敗而回。穆桂英爲整飭軍紀，把他責打四十，他初時忿慨萬分，後被桂英婉言相勸所動，終能共同定計，大破遼兵於洪州城下。

寇準　他是宋朝老臣，忠君愛國，智多謀廣，與楊家有數代情誼。洪州被困，他知道只有到楊府才能找到解危之人，誰知佘太君不允出兵，他知道其中必有原因，於是拉着八賢王擺造演武廳，果然探出楊府虛實。

佘太君　也是人民傳頌的巾幗英雄，她聽說洪州被困，雖然滿懷救國教子的壯志豪情，但又憐惜孫媳穆桂英身懷有孕，不允出兵，後穆桂英不顧自身安危，挺身而出，她深爲感動，便激勵穆桂英奮勇殺敵。

趙德芳　他是龜鎮八千歲，從小深居宮院，養尊處優，生性憨直，遠不如寇準熟諳世故，能辨清眞假虛實，所以只能聽從寇準出謀策劃，探査楊府兵將虛實，以激將辦法促使穆桂英接帥印。

楊延昭　楊宗保的父親，他鎮守洪州，被遼將白天佐所困，援兵到來也沒問清新元帥是何人就慌忙出迎，結果公公兒媳莽撞會面，羞得無地自容，只好將宗保狠狠的教訓一頓。

:: 刘秀荣饰演穆桂英

:: 刘秀荣发表《我演穆桂英》文章及吴同宾发表《刘秀荣〈战洪州〉的表演艺术》文章

:: 《穆桂英大战洪州》在香港放映时说明书

:: 《沙家浜》刘秀荣饰阿庆嫂、谭元寿饰郭建光

:: 《沙家浜》刘秀荣饰阿庆嫂（右二）、马长礼饰刁德一（左二）、王梦云饰沙奶奶（右一）、周和桐饰胡传魁（左一）

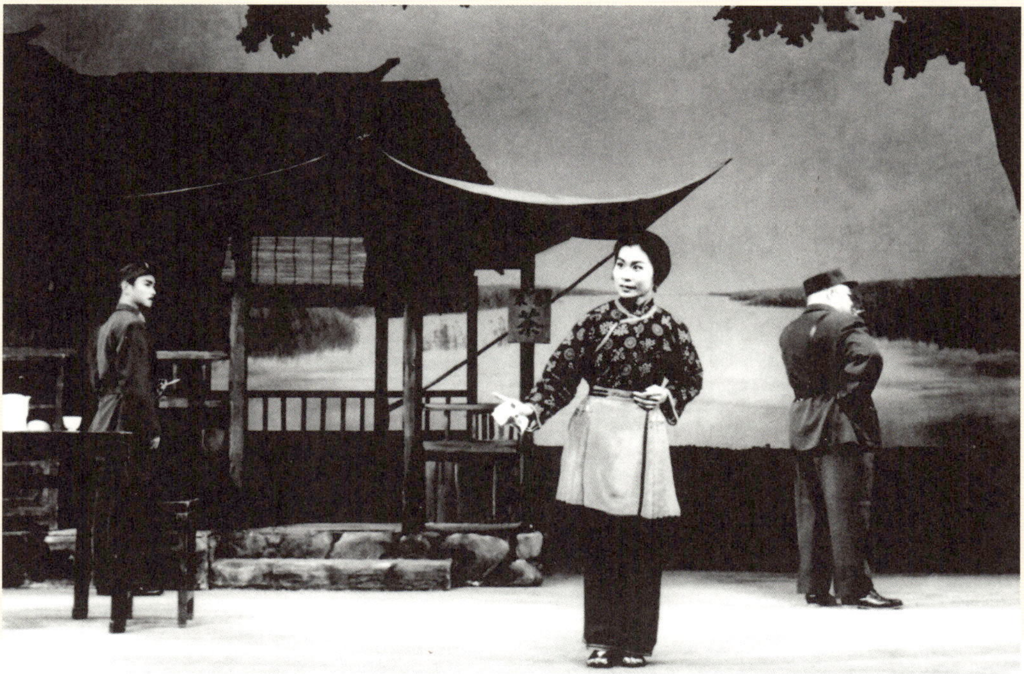

:: 《沙家浜》刘秀荣饰阿庆嫂（中）、马长礼饰刁德一（左）、周和桐饰胡传魁（右）

:: 《沙家浜》谭元寿饰郭建光（前排右二）、刘秀荣饰阿庆嫂（前排左二）、万一英饰沙奶奶（前排左三）、刘雪涛饰程书记（前排左一）、张墩义饰沙四龙（前排右一）

:: 《沙家浜》谭元寿饰郭建光、刘秀荣饰阿庆嫂

:: 1965 年接到上级调令，夫妻二人被调到北京京剧院创排《红岩》，刘秀荣饰江姐，在此期间继续演出《沙家浜》，刘秀荣饰阿庆嫂

（答案见本期）

丹东市振兴区文化馆绿水谜社供稿

智慧宫

「阿庆嫂」又进「沙家浜」

「第一蛇」重游雷峰塔

被誉为"天下第一蛇"的著名京剧表演艺术家刘秀荣今又披挂上阵，再展雄风，应邀在电视剧《白蛇传》中饰白素贞。同时，她还在上海电台新近录制的现代戏《沙家浜》中唱阿庆嫂。

刘秀荣是新中国培养的第一代京剧尖子演员。她曾得到"京剧导师"、培养出梅尚程荀"四大名旦"的王瑶卿先生的亲传。50年代初，年仅17岁的刘秀荣便因主演《白蛇传》轰动一时。在1952年的第一届全国文艺汇演中，周恩来总理亲自向刘秀荣颁奖并一起合影留念。多年来，刘秀荣一直以首演《白蛇传》享誉海内外，《白蛇传》成了她的成名戏和看家戏。

刘秀荣扮演的阿庆嫂也颇有盛名，她主演的《沙家浜》曾风靡一时。"文革"期间，由于江青的粗暴干涉，刘秀荣失去在电影《沙家浜》中扮演阿庆嫂的良机，令人甚憾。20年后的今天，年届54岁的刘秀荣再进《沙家浜》、重游雷峰塔，相信她的雄风定会不减当年！

北京　李振江

刘秀荣扮演的阿庆嫂

熊猫"吻"伤胡日

3月13日，歌

:: 1990 年 4 月 8 日，《丹东日报》刊登介绍刘秀荣一文

:: 《三击掌》刘秀荣饰王宝钏、石长英饰王允

:: 《打渔杀家》刘秀荣饰萧桂英

:: 《打渔杀家》刘秀荣饰萧桂英、高盛麟饰萧恩

:: 《秋江》刘秀荣饰陈妙常、刘长生饰老艄翁

公元一九七八年八月二十日

自由隨筆

讚《秋江》

張明明

一個艄翁、一柄木桨，一位道姑、一把拂麈，這是京劇《秋江》的全部人物和道具。故事也非常簡單，道姑陳妙常急着追趕船上的恋人潘相公，求艄翁幫忙。胸有成竹的老艄翁却成心打趣，急得道姑啼笑皆非，最後終於追上了潘相公，演員跑圓場下，幕落。

試想這樣簡單的劇情、人物和道具，若不是精湛細膩的表演，實在是難討好的。張春華和劉秀榮不愧是傑出的京劇藝術家。觀衆的熱烈掌聲，老戲迷們情不自禁、脫口而出的叫好聲是最直接、最熱情的讚賞。

老艄翁「三戲」道姑，把這小故事演活了。道姑上船前，艄翁真真假假，「勒索」九錢銀子，從側面表現了道姑內心的焦急，這是一「戲」。等道姑上了船，老頭子又假意要丟下她去吃飯，這是二「戲」。眼看就可開船，道姑一顆心早就飛奔江心，老艄翁偏又横生枝節，故意忘了解纜，這是三「戲」。這段戲演得維妙維肖，妙趣横生。

舞台上一桿篙、一柄桨，圖出了一隻「船」。這簡直是劃地為「牢」，道姑的焦急、期待、驚喜，全部要在這巴掌大的「船」上表現出來，又不能用大動作，而劉秀榮演來却恰到好處，不由人不佩服。看她微微揚手，輕輕蹲膝，忽兒隨船身左右搖擺，忽兒上下顛簸，再加上豐富的表情和抑揚頓挫、悅耳動聽的韵白，真把那種又急、又喜、又驚的心情演得淋漓盡致。優美的身段和上乘的腰腿功夫引得觀衆連聲喝采。

張春華飾演善良風趣的老艄翁，是極難演的角色。他的唯一道具已經不在手上了，拉船、推船、繫纜、解纜等動作全靠他空着手形象的表現出來，一舉手、一投足，簡直渾身是戲。詼諧的川白、風趣的舉止，把一個善解人意的「淘氣」老艄公刻劃得入木三分。張春華演的是一個矮小的老頭子，自始至終猫腰彎腿，這深厚的功夫底子顯而不露，更是令人讚嘆。

在這場戲中，兩位藝術家配合得天衣無縫。中間一段戲，道姑「靜」立船上，突出了艄翁的「動」，但船上船下又始終緊密的呼應着，所以艄翁的「動」又打破了道姑的「靜」。觀衆絲毫不覺得她是站在原地的。接下去艄翁上了船，一起一伏，一進一退，演來無懈可擊。到了江中行船，短短幾句精彩的對白，又把觀衆帶入了少女的情懷和意境中去。

十五日看中國藝術團的《秋江》開心極了，却沒過足戲癮。十六日再看《秋江》，實在不能不讚。

京劇《秋江》

張明明速寫

:: 1978 年 8 月，刘秀荣赴中国香港与张春华先生演出《秋江》

：：《秋江》刘秀荣饰陈妙常

:: 《十三妹》刘秀荣饰何玉凤、张春孝饰安骥

:: 《十三妹》刘秀荣饰何玉凤、张春孝饰安骥

::《十三妹》刘秀荣饰何玉凤

:: 《十三妹》刘秀荣饰何玉凤

北京晚报 81年12月7日

本报讯

为河北省筹集儿童少年福利基金

中国京剧院三团义演《十三妹》

中国京剧院三团最近在河北省巡回演出期间为了给河北省筹集儿童少年福利基金，在石家庄河北剧场义演《十三妹》，受到广大群众称赞。

演出之前，省儿童少年工作委员会副主任、文化局长路一讲了话。他首先代表省儿童少年工作委员会向京剧院三团全体同志表示感谢。他说：“中国京剧院三团给我们做出了好榜样。我省文艺团体要学习他们这种精神，关心祖国下一代，为儿童少年办好事。”

演出结束后，省艺术学校少先队员代表全省少年儿童向三团的叔叔、阿姨们献花。三团团长夏虎臣代表全团接受了省儿童少年工作委员会赠送的书有“让祖国花朵茁壮成长”的锦旗。刘秀荣为这次演出献诗一首：

党育幼苗呕心血，
阳光雨露灌蓓蕾，
协力义演《十三妹》，
喜看花朵还朝晖。

省委第一书记金明，省委书记李尔重等领导同志自费买票观看演出，并上台接见全体演员。

（晓）

不知为何又散

:: 1981年12月7日，《北京晚报》刊登《为河北省筹集儿童少年福利基金，中国京剧院三团义演〈十三妹〉》

:: 《八仙过海》刘秀荣饰鲤鱼仙子、李光饰吕洞宾

:: 《八仙过海》刘秀荣饰鲤鱼仙子

珍珠烈火旗

:: 《珍珠烈火旗》刘秀荣饰双阳公主、张春孝饰狄青

:: 《珍珠烈火旗》刘秀荣饰双阳公主

:: 《珍珠烈火旗》刘秀荣饰双阳公主、张春孝饰狄青

::《珍珠烈火旗》刘秀荣
饰双阳公主

北京戏剧报　1981年第47期

刘秀荣的念白艺术

吴同宾

为了纪念王瑶卿先生诞辰一百周年，中国京剧院刘秀荣等演出了经过整理加工的王派名剧《珍珠烈火旗》（又名《双阳公主》）。此剧是历史悠久的传统剧目，河北梆子由刀马旦应工；尚（小云）派亦偏重武功；婺剧经过改编，较重做功，唯独王派以念、做取胜，尤以念白最具特色。刘秀荣这次演出，继承了王派的精华，又加以丰富，成为唱、念、做、打并重的戏。她在《珍》剧中念白的艺术特色，主要表现在两方面：

（一）「风搅雪」（亦名风交雪）的念法。这是韵白与京白交互使用的念白形式。韵白适于表现严肃、沉稳、庄重、矜持的气氛；京白宜于抒发轻松、活泼、亲切、自然的情绪。同一人物在同一场戏里，根据不同的情节、处境、性格的发展、身分的转换、人物的关系，巧妙而准确地交替使用京白和韵白，谓之「风搅雪」。刘秀荣不仅在同一场，甚至在同一段台词中，就根据剧情交换使用，显得十分恰当谐调。例如「金殿允婚」一场，她先以公主的身分向父王禀奏邂逅狄青经过，事属严肃，矜持拘礼，自然宜用韵白。但在决定毛遂自荐时，亲自向狄青提婚，就情不自禁地显露出豪放爽朗、胸怀坦荡的纯真性格，因而换用了京白。在「风云突变」、「追夫」等场，当她以公主身分对驸马讲话时，用韵白；而作为新婚妻子向心爱丈夫表露亲昵的情愫时便换用京白。尤其「追夫」一场，先以大段韵白向狄青责以大义，而当激情达到沸腾时，突然改用京白发出凄楚的哀鸣：「驸马，别胡闹了，跟我回去吧！」情深意挚，撼心震肺，令人酸鼻泪下，从京、韵白鲜明对比中，充分发挥出「风搅雪」的艺术魅力！

（二）王派念韵白的入声字和上口字有独到之处。刘秀荣在这方面也显示出她的精湛功力。入声字和上口字都是南方字音在京剧中的残迹。南方人念入声，发声短促，收音快速，气息虚轻，声出即收，有声无韵，北方人不易听清听懂。王派念入声字掺用昆白念法，但有所区别：是用京音发音方法读入声，音节虽短促，但发声收音均较南人读法略长，而且气息沉实，使入声字似乎不仅有声母，而且也有韵母的组成因素。例如「射猎」的「射」，「十分」的「十」，「狄将军」的「狄」字等均是。刘秀荣在念这些字时，字字都象板上钉钉一样坚实有力又象珍珠啄落在水晶盘上一样清脆悦耳。这样既保留了入声字音节短促的特点，又能使北方人听清听懂。在与上下文其它声调（平上去）的字音结合时，具有显著抑扬起伏，顿挫有致的特色。

读上口字（「世」、「日」等）也如此。她将每个字的头，腹，尾明确分清，而着重将字头的声母读得沉实有力，并略为拖长音节，待观众听清后，再交代字腹、字尾。这既保留了上口字特点，又不妨碍观众理解词意，而且听来悠扬悦耳。

概括地说，王派念白特色是：清亮甜脆，流畅俏丽，斩截真切，铮铮悦耳。刘秀荣充分掌握并发挥了这些优点。

:: 1981 年，《北京戏剧报》载吴同宾先生谈刘秀荣《珍珠烈火旗》王派念白特色

金锁恩仇

:: 《金锁恩仇》刘秀荣饰冯玉萱

中国京剧院三团演出新编历史剧

《金锁恩仇》风格一新受到好评

本报讯 前天晚上，人民剧场散戏后，余兴未尽的观众，一边退场，一边兴致勃勃地谈论着。他们称赞中国京剧院三团首场演出的《金锁恩仇》情节曲折、人物鲜明、风格一新。

新编历史故事剧《金锁恩仇》，是以李生兄妹的遭遇为主线，以一双金锁的散而复聚穿插其间，表现了正义战胜邪恶、替父报仇、为国除奸的主题，情节起伏，生动引人。该剧在表演、音乐唱腔、武打、服装、布景等方面都有所革新。刘秀荣扮演的冯玉萱，集几个行当于一身，充分发挥了她文武兼备的才艺。在人物遭遇到各种变故时，她用旦角、小生、武生等多方面的手段表演。在田府追赶之下，她女扮男装，扬鞭赶路，又舞褶子、又舞马鞭，连续翻身，干净利落；凌霄阁盗卷，在二米多高台上的“椅子功”，武艺高超，惊心动魄。

这个戏的主要演员还有张春孝、朱秉谦、张岚、刘学钦等。

（黄济铭　吕国庆）

:: 1981 年 9 月 10 日，《北京日报》刊登黄济铭、吕国庆文章《中国京剧院三团演出新编历史剧〈金锁恩仇〉风格一新受到好评》

:: 《金锁恩仇》张春孝饰冯宗安

∷《沉海记》刘秀荣饰敫桂英、张春孝饰王魁

:: 《沉海记》刘秀荣饰敫桂英、张春孝饰王魁

:: 《沉海记》刘秀荣饰敫桂英

:: 《沉海记》张春孝饰王魁

:: 《沉海记》张春孝饰王魁

∷《沉海记》张春孝饰王魁

北京晚报 82年.9月19

中国京剧院赶排《沉海记》

本报讯 中国京剧院三团正抓紧排练古代传奇故事剧《沉海记》，将于近期与观众见面。

王魁负义的故事是我国戏曲舞台上久演不衰的一个传统题材。《沉海记》参照川剧和京剧中的《焚香记》、《情探》、《义责王魁》等同一题材的作品加以改编，增添了“化缘”、“沉海”等情节，在艺术上作了一些新的处理和尝试。剧本改编邹忆青、戴英录。导演张春孝、王威良，著名导演李紫贵为艺术指导。刘秀荣、张春孝分别扮演桂英、王魁。

（钟　山）

:: 1982年9月19日，《北京晚报》刊登《中国京剧院赶排〈沉海记〉》

唱腔委婉动听　念白清脆刚劲

刘秀荣今起主演新编京剧《沉海记》

本报讯 中国京剧院三团新排《沉海记》，今起公演。

《沉海记》是青年作者邹忆青、戴英录参照田汉的《情探》和传统戏《焚香记》等编写的一出带有神话传奇色彩的悲剧。

该剧由著名演员刘秀荣主演，她成功地塑造了敫桂英这个温顺、善良、多情、烈性的古代妇女形象。她以其细腻的表演才能，委婉动听的唱腔，清脆刚劲的念白而感人肺腑，催人泪下。文武小生张春孝扮演王魁，在演出中运用了“甩发”、“吊毛”、“僵尸”，并借鉴了川剧的褶子等技巧。文武老生刘学钦扮演老王忠，唱念做并重，感情充沛。肖（长华）派丑角演员刘长生扮演海神，有大段高（庆奎）派唱段，高亢清脆。花脸演员孙桂元扮演蛟仙，吸收了“跳判”，椅子功，并有一些高难技巧。

北京日报 82年.11月25日

:: 1982年11月25日，《北京日报》刊登《刘秀荣今起主演新编京剧〈沉海记〉》

∷《虹霓关》刘秀荣饰东方氏、张春孝饰王伯党

:: 《虹霓关》刘秀荣饰东方氏

:: 《虹霓关》张春孝饰王伯党

:: 1998年8月，在天津市第一工人文化宫，中国京剧院挖掘传统剧目精彩片段，演出《虹霓关》。刘秀荣饰东方氏、张春孝饰王伯党

穆柯寨

:: 《穆柯寨》刘秀荣饰穆桂英、张春孝饰杨宗保

大英杰烈

:: 《大英杰烈》刘秀荣饰陈秀英、张春孝饰匡忠、刘长生饰陈母

:: 《大英杰烈》刘秀荣饰陈秀英

1985年11月27日 星期三 ·3·

珠联璧合 满台生辉

——观传统京剧《大英杰烈》

周磊 石俊杰 写文 陈玲 玉龙 摄影

:: 1985 年 11 月《邯郸日报》，周磊、石俊杰文章，《珠联璧合 满台生辉——观传统京剧〈大英杰烈〉》

:: 《大英杰烈》张春孝饰匡忠

女起解

∷《女起解》刘秀荣饰苏三、刘长生饰崇公道

四郎探母

::《四郎探母》刘秀荣饰铁镜公主

::《四郎探母》刘秀荣饰铁镜公主、辛宝达饰杨延辉

:: 《贵妃醉酒》刘秀荣饰杨玉环

得意缘

:: 《得意缘》白玉玲饰狄英鸾、李爱珍饰夫人、刘秀荣饰狄云鸾、刘长生饰祖母、刘大刚饰狄龙康、张春孝饰卢昆杰、曹保业饰丫鬟

:: 《得意缘》刘秀荣饰狄云鸾

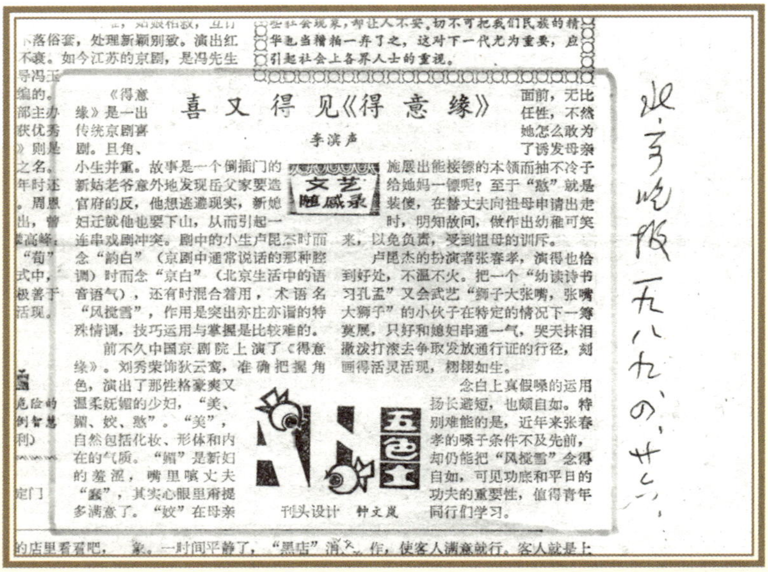

北京晚报 一九八九、四、廿六

喜又得见《得意缘》

李滨声

文艺随感录

《得意缘》是一出传统京剧喜剧。旦角、小生并重。故事是一个倒插门的新姑老爷意外地发现岳父家要造官府的反，他想逃避现实，新媳妇迁就他也要下山，从而引起一连串戏剧冲突。剧中的小生卢昆杰时而念“韵白”（京剧中通常说话的那种腔调）时而念“京白”（北京生活中的语音语气），还有时混合着用，术语名“风搅雪”，作用是突出亦庄亦谐的特殊情调，技巧运用与掌握是比较难的。

前不久中国京剧院上演了《得意缘》。刘秀荣饰狄云鸾，准确把握角色，演出了那性格豪爽又温柔妩媚的少妇，“美、媚、姣、憨”。“美”，自然包括化妆、形体和内在的气质。“媚”是新妇的羞涩，嘴里嗔丈夫“蠢”，其实心眼里甭提多满意了。“姣”在母亲面前，无比任性，不然她怎么敢为了诱发母亲施展出能接镖的本领而抽不冷子给她妈一镖呢？至于“憨”就是装傻，在替丈夫向祖母申请出走时，明知故问，做作出幼稚可笑来，以免负责，受到祖母的训斥。

卢昆杰的扮演者张春孝，演得也恰到好处，不温不火。把一个“幼读诗书习孔孟”又会武艺“狮子大张嘴，张嘴大狮子”的小伙子在特定的情况下一筹莫展，只好和媳妇串通一气，哭天抹泪撒泼打滚去争取发放通行证的行径，刻画得活灵活现，栩栩如生。

念白上真假嗓的运用扬长避短，也颇自如。特别难能的是，近年来张春孝的嗓子条件不及先前，却仍能把“风搅雪”念得自如，可见功底和平日的功夫的重要性，值得青年同行们学习。

五色土

刊头设计　钟文岚

:: 1989 年 4 月 26 日，《北京晚报》文章《喜又得见〈得意缘〉》

1989年第12期　　戏剧电影报

由《得意缘》想到的

陈若葵

一家言

刘秀荣、张春孝演京剧《得意缘》，《教镖》一场运用了当今流行的语言，诸如“长途电话”“傻帽儿”等等——术语谓之“抓哏”。抓哏产生了强烈的剧场效果。这种现象在其他演出中也有，如八十年代初天津演出京剧《女起解》，苏三在被押往太原途中向崇公道诉说冤情，崇公道对苏三反复劝慰，一改以往演出中的“别着急，有盼头”云云，代之以“你要向前看……”短短几个字，既道出了对苏三的同情，又给绝望中的苏三以希望。而这句话在当时是相当时髦的，因之引起观众的共鸣。

戏曲演出中的“抓哏”又称“现挂”。“现挂”看似闲笔，实际上闲笔不闲，表面上游离于戏外的一问一答，实际与人物身份和人物彼时的心境相吻合。《得》剧中狄云鸾天生顽皮，卢昆杰生性好逗，两人燕尔新婚，沉浸在幸福之中。卢生要学狄家祖传的雌雄镖的打法，云鸾当然愿意教，可她偏偏又要卖卖“关子”，于是在教与学这场戏中，夫妻相互戏谑，情趣盎然。其中掺杂了一些应时语言，把这对青年人活泼的性格和喜悦的心情表现得维妙维肖，真有点“少年不识愁滋味”。布莱希特在《中国戏曲的间离效果》中说：“中国戏曲演员不是置身于神智恍惚的状态之中，他的表演可以在每一瞬间被打断。他不需要‘从里面出来’。打断后他可以在被打断的地方继续演下去。”戏曲演员的“抓哏”就是随机应变，即兴发挥，这与戏曲演员的双重身份不无关系。舞台上，他们既是角色又是演员；既要准确地体现剧中人物的身份、心理、情感、性格与命运，又真切地意识到自己是在演戏，是假戏真做；在不破坏严谨的程式美、不损害全剧整体美感的前提下，演员根据自己的生活体验进行自由的创造，使用一些与剧情若即若离、富有时代特色的语言，可以达到出人意料的间离效果。它一下子把观众从舞台上的艺术境界里拉回到现实中来，有意地破坏一下舞台上既成的生活幻觉，在演员和观众之间架起了一道桥梁，缩短了他们之间的距离，使观众对角色和演员的欣赏达到了统一。

成功的“抓哏”妙语惊人，会收到事半功倍的效果。当然，庸俗的“抓哏”，只求噱头不顾剧情的“抓哏”，只能让人讨厌了。

速写《得意缘·教镖》　李滨声作

《曹操与杨修》

:: 1989 年第 12 期《戏剧电影报》文章《由〈得意缘〉想到的》

天津日报 1990.5.16.　　文化

艺海拾贝系列演出昨开锣

《得意缘》带给观众欢笑

本报讯　本市弘扬民族优秀文化月中又一别具特色的活动——“艺海拾贝”优秀传统戏系列演出昨晚在中国大戏院与观众见面，中国京剧院著名演员刘秀荣、张春孝夫妇主演的罕见剧目《得意缘》吸引了众多津门戏迷。这次系列演出是天津市表演艺术咨询委员会、市演出公司和中国大戏院联合举办的。

历时四天的“艺海拾贝”演出活动将上演《得意缘》、《卧龙吊孝》、《六月雪》、《白帝城》、《彩楼配》、《让徐州》、《朱痕记》等冷戏。为观众提供一次难得的欣赏机会。

昨晚，刘秀荣、张春孝主演的《得意缘》是一出玩笑、武打并重的戏，刘秀荣的表演风趣洒脱、形神俱妙，很好地刻划了侠盗家女狄云鸾的形象，张春孝的台风庄谐传神、唱做出色，颇具叶（盛兰）派风范。二人不时使出一些“现挂”（临场发挥）式的插科打诨手法，赢得观众满意的笑声。“恶饯”一场，他们的表演又能从挖掘人物性格入手，表演细腻入微，层次分明，显示出非同寻常的功力。　（张浩）

:: 1990 年 5 月 16 日，《天津日报》文章《艺海拾贝系列演出昨开锣　〈得意缘〉带给观众欢笑》

棋盘山

:: 《棋盘山》刘秀荣饰窦仙童、张春孝饰薛丁山

京剧

棋盘山

亦名《窦仙童招亲》。事见《征西全传》。唐时，太宗李世民统兵出征，与元帅薛仁贵一敌兵围困在锁阳关内。薛仁贵之子薛丁山与母亲柳迎春、妹妹薛金莲发兵，往锁阳关救援。丁山一行途经棋盘山。其时，窦一虎、窦仙童兄不满朝政，在棋盘山占山为王。薛家将由此经过窦氏兄妹劫走薛军粮草并把薛丁山擒上山寨。老将程咬金轻装简从去往棋盘山寨，他对窦仙晓以大义，顺说窦氏兄妹发还薛军粮草并归降，大家合兵一处解锁阳关之围。在程咬金撮合下，薛丁山、窦仙童结为佳偶。

京剧王（瑶卿）派代表作之一。剧中的窦仙童唱打并重。刘秀荣扮演的窦仙童念白爽脆，开打利落，张春孝扮演的薛丁山俊秀英武，功架优美，二人相得益彰。

刘秀荣、张春孝演出照

戏剧电影报.1989年10月1日 39期.

:: 1989年10月1日第39期《戏剧电影报》刊登《棋盘山》剧照文章

平贵别窑

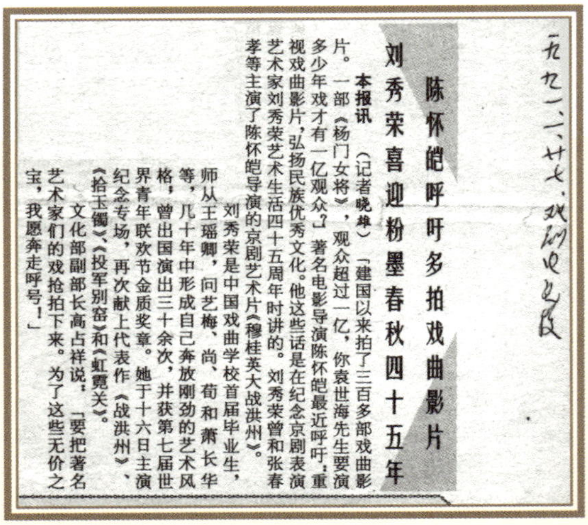

一九九一、一、廿七、戏剧电影报

陈怀皑呼吁多拍戏曲影片

刘秀荣喜迎粉墨春秋四十五年

本报讯 （记者晓烽）「建国以来拍了三百多部戏曲影片。一部《杨门女将》，观众超过一亿，你袁世海先生要演多少年戏才有一亿观众？」著名电影导演陈怀皑最近呼吁：重视戏曲影片，弘扬民族优秀文化。他这些话是在纪念京剧表演艺术家刘秀荣艺术生活四十五周年时讲的。刘秀荣曾和张春孝等主演了陈怀皑导演的京剧艺术片《穆桂英大战洪州》。

刘秀荣是中国戏曲学校首届毕业生，师从王瑶卿，问艺梅、尚、荀和萧长华等，几十年中形成自己奔放刚劲的艺术风格；曾出国演出三十余次，并获第七届世界青年联欢节金质奖章。她于十六日主演纪念专场，再次献上代表作《战洪州》、《拾玉镯》、《投军别窑》和《虹霓关》。

文化部副部长高占祥说：「要把著名艺术家们的戏抢拍下来。为了这些无价之宝，我愿奔走呼号！」

:: 1991 年 1 月 27 日，《戏剧电影报》刊登关于刘秀荣文章

:: 《平贵别窑》刘秀荣饰王宝钏

:: 《平贵别窑》张春孝饰薛平贵

∷《平贵别窑》刘秀荣饰王宝钏、张春孝饰薛平贵

::《拾玉镯》刘秀荣饰孙玉姣、刘长生饰刘妈妈

:: 《拾玉镯》刘秀荣饰孙玉姣、张春孝饰付朋、刘长生饰刘妈妈

∷《拾玉镯》刘秀荣饰孙玉姣、张春孝饰付朋

鸡年吉祥戏

许多剧种都唱《拾玉镯》，这出戏又名《买雄鸡》——孙玉姣家是养鸡专业户，「马路求爱者」傅朋借买鸡为名，和人家小姑娘搭上话……左照是刘秀荣、张春孝演出照。加上刘长生演刘媒婆，珠联璧合，可称当代第一《拾玉镯》。

∷1991 年 3 月，《戏剧电影报》刊登关于鸡年吉祥戏《拾玉镯》文章

∷《拾玉镯》刘秀荣饰孙玉姣

:: 《拾玉镯》刘秀荣饰孙玉姣

艺术生活四十五周年专场演出——艺海之花

'91年1月
编号2

著名京剧表演艺术家

刘秀荣艺术生活45周年专场演出

艺海之花

高占祥

文艺报社
中国花木企业家联谊会
北京市长安无损检测科技公司
中国京剧院
一九九一年元月联合主办

简介

著名京剧表演艺术家刘秀荣，自幼酷爱京剧艺术，十岁始请师学戏，解放前入四维剧校，解放后转入中国戏曲学校（现中国戏曲学院）学艺，一九五六年毕业，为该校首届优秀毕业生，是新中国党培育下成长的第一代京剧表演艺术家。

她是著名的戏曲教育家王瑶卿先生晚年得意的学生，深得王老真传，同时授业于戏剧大师梅兰芳、肖长华、尚小云、荀慧生、韩世昌、芙蓉草、程玉菁等老前辈和名家。

她根基雄厚，文武兼备，能博采众长勇于创新，善于运用艺术手段塑造不同类型人物，她的代表剧目有，"白蛇传"、"穆桂英大战洪州"、"十三妹"、"貂蝉"、"大英杰烈、"彩楼配"等。

她自一九五三年起多次赴欧洲、北美、东南亚等廿多个国家及香港澳门地区访问演出。
一九五二年参加第一届全国戏曲观摩演出大会，主演"白蛇传"，获演员二等奖。
一九五九年参加第七届世界青年联欢节文艺比赛，主演"春郊试马"，获金质奖。
一九八〇年参加中央文化部文术评比会演，主演"十三妹"获表演一等奖。
现为全国妇联执行委员、中国戏剧家协会会员、中国京剧院主要演员。

演出剧目

战洪州

刘秀荣 饰 穆桂英　张春孝 饰 杨宗保　赵志强 饰 大马童　颉世奇 饰 中军

投军别窑

刘秀荣 饰 王宝钏　张春孝 饰 薛平贵　刘 钰 饰 中 军

拾玉镯

刘秀荣 饰 孙玉姣　张春孝 饰 傅 朋　刘长生 饰 刘妈妈

虹霓关

刘秀荣 饰 东方氏　张春孝 饰 王伯党　刘长生 饰 旗牌　白玉玲 饰 丫环

司鼓：吴有禹　吴继鹏　操琴：万瑞兴　剧务：付大林
舞台监督：赵永泉　郭　振　字幕：徐文杰　辛继英

∷《艺海之花》演出节目册

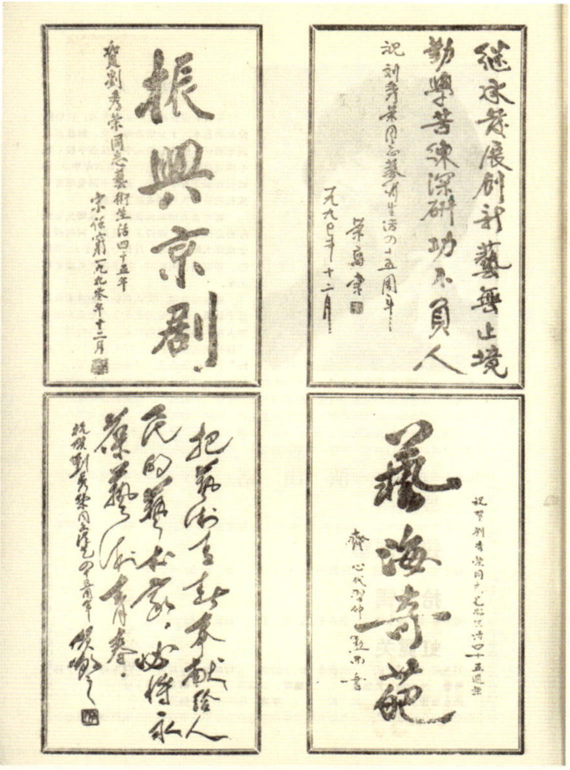

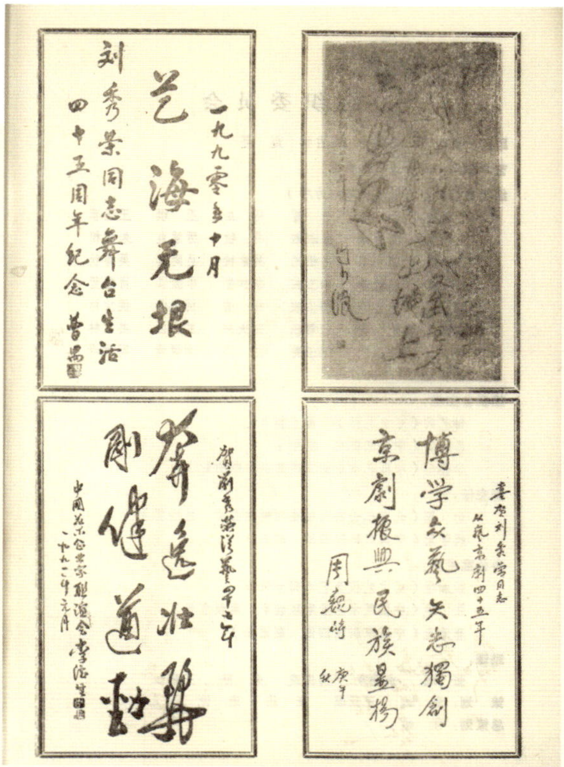

组织委员会

顾问：贺敬之　周巍峙　高占祥　赵　寻

艺术顾问：马少波　李紫贵

组委会委员：（以姓氏笔划为序）

于玉衡　于　洋　于　蓝　马　泰　王　琪　王玉蓉
王晓棠　王铁诚　白淑湘　冯　牧　厉慧良　朱文相
孙以森　田　申　吴祖光　吴素秋　吴同宾　吴绛秋
杜　澎　杜近芳　李玉茹　李和曾　李振江　肖盛萱
罗玉萍　陈怀皑　郑伯农　杨　洁　杨德华　侯宝林
袁世海　赵　青　张君秋　张大来　夏虎臣　姜宝林
游　默　梅葆玖　程玉菁　谢　添　谢锐青　霍大寿
魏喜奎

组委会主任：

钟艺兵（《文艺报》　副主编）
吕瑞明（中国京剧院　院长）
李德生（中国花木企业家联谊会　秘书长）

副主任：

俞　雁（北京市长安无损检测科技公司　总经理）
魏学策（中国京剧院四团　团长）

办公室主任：

彭加瑾（《文艺报》艺术部主任）
张　迪（中国花木企业家联谊家　副秘书长）
唐元生（中国京剧院四团　副团长）

助理：

张　瑶　李世声　高庆霞　朱　静　王德仁

策　划：张　迪　王亚琪　张　浩　康　恺

总策划：张　迪

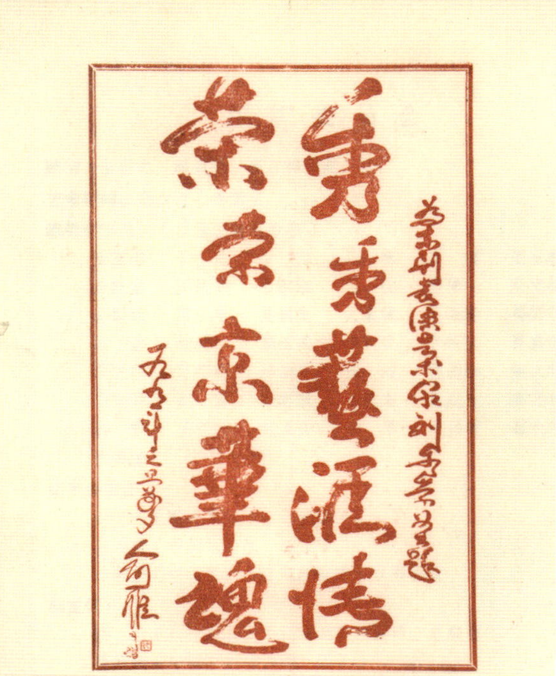

白门楼

::《白门楼》张春孝饰吕布、刘秀荣饰貂蝉

:: 《白门楼》张春孝饰吕布、刘秀荣饰貂蝉

彩楼配

:: 《彩楼配》刘秀荣饰王宝钏、张春孝饰薛平贵

张春孝·篇

张春孝7岁坐科学艺，在鸣春社学习期间为文戏、武戏方面都打下了良好的基本功，后来在四维剧校也得到了更好的发展，首演了田汉先生的名剧《江汉渔歌》并获得成功。在欧阳玉倩先生的新编戏中，张春孝用武生、小生的表演方式取得了艺术上质的飞跃。进入中国戏曲学校后，张春孝在王瑶卿校长的指导下排演了《奇双会》和《十三妹》，跟王瑶卿先生学习了如《貂蝉》里的吕布、《孔雀东南飞》里的焦仲卿、全本《玉堂春》里的王金龙、《棋盘山》里的薛丁山、《珍珠烈火旗》里的狄青、《十三妹》里的安骥等诸多经典人物的表演。后来，张春孝跟着姜妙香先生学习了《辕门射戟》《连升店》《打侄上坟》等剧目，又和刘秀荣一起跟着俞振飞先生学习了昆曲《游园惊梦》《太白醉写》《百花赠剑》等。三国戏《群英会》《取南郡》《临江会》《黄鹤楼》都是萧长华先生亲授的。张春孝最感恩的是恩师茹富兰先生将精妙的演技传授给自己，亲授的《石秀探庄》《战濮阳》《雅观楼》《黄鹤楼》《临江会》等剧目，使自己演技得到大大提升。

张春孝把对京剧小生行当的热爱都倾注到自己的表演之中，为小生艺术竭力做了三件事，一是用小生的表演方式将《白蛇传》中的许仙刻画出忠厚、善良的形象；二是演绎出《穆桂英大战洪州》中杨宗保英俊、英勇、英武的文武小生形象；三是首次以小生的表演方式饰演《平贵别窑》中的薛平贵，尤其是在《别窑》一折中结合武小生的特点，用细腻的表演结合、借鉴麒（麟童）派的表演形式，使得小生的薛平贵生动、丰富，同样得到观众的认可。

:: 12 岁的张春孝在四维剧校时演出《武松与潘金莲》饰西门庆

取洛阳

:: 1986 年 2 月 26 日，在天津中国大戏院为纪念侯喜瑞大师诞辰 95 周年演出《取洛阳》，袁国林饰马武、张春孝饰岑彭

:: 《战濮阳》张春孝饰吕布、胡学礼饰典韦

黄鹤楼

:: 《黄鹤楼》张春孝饰周瑜、宋锋饰赵云

::《黄鹤楼》张春孝饰周瑜、朱宝光饰刘备

::《群英会》张春孝饰周瑜

:: 《群英会》张春孝饰周瑜、冯志孝饰鲁肃、孙岳饰诸葛亮

:: 《群英会》 李和曾饰刘备、张春孝饰周瑜、石长英饰鲁肃

《群英会》张春孝饰周瑜

英俊的京剧王子

——记著名小生张春孝

张春孝在接受采访　振江供稿

著名小生张春孝是观众熟悉和喜爱的京剧表演艺术家。他是新中国造就的第一代艺术家中的佼佼者，先后得到小生名宿金仲仁、姜妙香、茹富兰、叶盛兰等老师的指导，能戏极多，文武全才。他扮相英俊倜傥，做戏儒雅，功架优美，演来不瘟不火、恰到好处。他的足迹曾到过华盛顿、莫斯科、伦敦、巴黎、东京、柏林、华沙等世界上近百个古都名城，在海外素有“英俊的京剧王子”美誉，为京剧走向世界贡献了毕生的精力。

张春孝的嗓音纯正甘甜，大小嗓音结合自然，吐字发音极为讲究，被誉为“规范化小生”。他注意对人物性格的塑造，一唱一念一举手一投足都要求与人物的性格与身份相吻合，决不离开剧情单纯卖弄技巧，这些从北京电视台录制的他与刘秀荣合演的《得意缘》、《十三妹》、《拾玉镯》中可略窥一斑。1963年，他在电影艺术片《穆桂英大破洪州》中以精湛的演技，塑造了一个纯情、忠厚、善良、美貌的小生杨宗保的形象，成为家喻户晓的明星，被观众誉为“活杨宗保”。此事不少观众至今仍记忆犹新。

不久前，文化部副部长高占祥为张春孝的爱人刘秀荣题了“艺术之花”四个字，他说还要为这老两口再题一个“剧坛双璧”，以此勉励这对珠联璧合、相得益彰的艺术上的最佳夫妻搭档。

本报专稿

张春孝对艺术一向是锲而不舍，孜孜以求。他现在虽然年近花甲，仍雄心壮志不减。日前，由他改编、整理并主演的传统戏《三气周瑜》已排练完毕，广大观众即将欣赏到他精彩绝伦的表演。北京　梨园月

《宰相改诗》答案：明月是一种鸟，黄犬是一种小虫子。

文化绿地

中石题

丹东日报 1991.4.14

:: 1991 年 4 月 14 日，《丹东日报》刊登《英俊的京剧王子》

菊圃拾英

《三气周瑜》与张春孝

李振江

一九九一、四、十二 北京晚报

张春孝不久前改编整理了文武小生重头戏《三气周瑜》，对剧本内容、情节、结构重新推敲，在保留传奇色彩和舞台美学基础上，进行必要的删节与处理，为京剧小生戏吸引观众，尤其是青年观众做些有益的尝试。《三气周瑜》从《黄鹤楼》起到《丧巴丘》止，全剧3小时。

张春孝是新中国培养的第一批京剧人材中的尖子演员，是唯一得到过近代“小生四大家”金仲仁、姜妙香、茹富兰、叶盛兰亲自指导传授的后辈。春孝先生天资聪颖，对艺术锲而不舍孜孜以求，深受四大导师厚爱。他学金仲仁吐字发声清晰，讲求字正腔圆，学姜妙香台风俊美飘逸灵活清柔，学茹富兰武技娴熟落落大方，学叶盛兰声情并茂英武儒雅，积多年舞台之实践，张春孝给观众留下了扮相英俊倜傥，做戏儒雅，功架优美，博采众长，不温不火恰到好处的良好印象。

:: 1991 年 4 月 12 日，《北京晚报》刊登《〈三气周瑜〉与张春孝》

九江口

:: 《九江口》张春孝饰华云龙、吴钰璋饰张定边

《九江口》张春孝饰华云龙

:: 《九江口》张春孝饰华云龙、吴钰璋饰张定边

:: 《九江口》张春孝饰华云龙、吴钰璋饰张定边

:: 《石秀探庄》张春孝饰石秀

:: 《连升店》张春孝饰王明芳、刘长生饰店家

∷《飞虎山》张春孝饰安静思、陈真饰李克用

【第三章】

比翼齐飞

执手柴米亦为乐
比翼氍毹舞翩然

刘秀荣不仅有艺术上的辉煌成就，更让人羡慕的是还有与张春孝先生相濡以沫、终身偕老的爱情故事。张春孝是闻名遐迩的小生演员，也是与刘秀荣相携白首的伴侣。这对情深伉俪十几岁学戏时起就一直在舞台上合作演出爱情戏，步入专业院团后，两人开始了简单却浪漫的爱情之旅，1957 年二人结为夫妻。此后半个多世纪的时间里，二人比翼齐飞，鸿案相庄，无论是在舞台上，还是在生活中，乃至在课堂里，两人都相伴相随，心意相通，彼此已经成为生活中甚至生命中最重要的另一半。梨园界曾赠予他们夫妻以“菊苑燕侣”的美称，二人的爱情也早被传为佳话，甚至可与古典戏曲中最纯美的爱情故事媲美。

刘秀荣和张春孝虽不是青梅竹马、两小无猜，可也算是天作良缘，这个缘也可以说是京剧缘。巧的是两人是同年同月生，都属猪，张春孝是 1935 年农历七月初九出生，刘秀荣是 1935 年农历七月二十八日出生，两人相差 19 天。第一次见面是 1948 年在国民党二〇八师四维剧校军营的练功房，由郭文龙老师带着四五个小男生，说是新来的学生，郭文龙老师介绍这几个新同学，指着张春孝说：“这孩子是唱小生的。”刘秀荣当时感觉这个小男生挺老实的，要按照戏剧界的规矩，张春孝应该叫刘秀荣师姐，因为她早一年参加四维剧校，要算从艺年龄，张春孝比刘秀荣早 4 年，他是 7 岁的时候就加入李万春先生的鸣春社科班学戏，与王鸣仲、谷春章是师兄弟。1949 年中华人民共和国成立后，刘秀荣和张春孝又同在中国戏曲学校学习、深造，因此两人从 13 岁开始同窗学艺，同台演出。后来，二人结为夫妻，共同生活，可以说是五同夫妻，共同携手走过了一生。张春孝在他不到 7 岁的时候入鸣春社科班学戏，所以他没读过书，中国戏校成立初期，张春孝文化课被分配到丙班。刘秀荣 6 岁时就学私塾并上过 4 年小学，所以在甲班上文化课。没过半年张春孝就升到乙班，没到一年张春孝就跳到甲班，两个人在一个课堂学习文化知识。张春孝非常用功读书、写字，钻研诗词，在后来的艺术生活中，张春孝竟然成了专门为刘秀荣编写剧本，写唱段，修改台词的代笔先生。他编写的台词、唱段，非常适合刘秀荣的嗓音条件、发音位置和辙口儿。不仅如此，他还能做导演，由于他经历了鸣春社、四维剧校、中国戏曲学校多年的打造等于做了三番儿科，所以他才见多识广、多才多艺，看的多，学的多，会的多，特别是受到王瑶卿先生和萧长华老前辈教导点拨，所以张春孝不论什么戏，生、旦、净、丑，全能，可以拿总，说全堂。张春孝还是一位非常优秀的小生演员，几十年来和刘秀荣所合作上演的对儿戏，被京剧界同行，还有戏迷朋友们公认并称赞："演爱情戏、感情戏，谁也演不过张春孝、刘秀荣两口子，他们太默契、太投入、太和谐，而且非常真实，看着像生活，不像在演戏，看他们戏特感动。"刘秀荣和张春孝在艺术上的合作，就是天生就合适的那种。在舞台上的行动坐卧，两个人配合得特别到位，就连挪哪只脚，抬哪只手，何时对眼神，什么时候缓气，哪儿运气，不用说，准保合适。为了实现在艺术上达到完美的境界和神韵，有时为了一个身段、一个造型、一句唱腔，两个人会不厌其烦反复推敲，有时能用一两天的时间直到满意为止，所以说两人互相在艺术创作中能够像大家说的默契，是两个人几十年台上台下不辞辛苦磨炼而成的。

在京剧界旦行中，刘秀荣是最幸运的一个，在几十年的艺术生涯中，始终有一位得心应手、高水平的、文武双全的小生与之搭档。两个人可谓是艺术事业上的知己挚友。这也是京剧为两个人结的缘。

人一生中最大的感悟就是夫妻间彼此没有索取、占有，有的只是相互理解、支持和奉献。把对方的事业当成自己的事业，生活中互相体贴，才能够同甘共苦，同舟共济，偕老百年。在艺术上两人是志同道合，在生活中也是情趣相投，张春孝一大嗜好就是爱买书，所以经常买书、看书，家里3个书柜都摆满了书。两个人都爱干净，天天洗澡换衣衫，这一点很一致。两个人的共同爱好也比较多：由于做学生过集体生活，再加上学习、练功、演出很紧张，没有时间，有些日常生活中的本事，都是结婚后才学的。原来两个人都不会烧菜，但是，两个人用心学，细心揣摩，每当参加宴会，发现哪道菜好吃，就向厨师学，回家就照厨师教的进行实验，一般实验两次就能成功，像干烧黄鱼、烹虾段、糖醋排骨、红烧肉、米粉肉、酱牛肉、烧茄子、醋熘白菜、拔丝山药。还学会做西点、土豆、蔬菜沙拉、奶油鸡茸汤、罐闷鸡、炸猪排，等等。做菜也跟唱戏一样必须入迷，细琢磨，才能出成绩。张春孝做面食是好手，什么烙饼、饺子、面条都做得特棒。他们有一段时间做菜着了迷，经常请亲朋好友到家品尝做的菜，大家一夸奖哪个菜味道好，两个人心里可美呢。两个人还有一个共同嗜好——装修房子、布置屋子，房子都是自己整治的，为了温暖的小窝煞费苦心，二人找装饰资料，参观装修公司样板间，自己设计图纸，装修完工以后看着明净的房屋，又感到劳动后的喜悦。家务劳动不仅是有益的消遣，也是生活中不可缺少的调味剂，能给生活带来无穷的乐趣。

刘秀荣逛百货公司，张春孝都是真心实意地陪着，有时还是主动提议到什么西单商场、王府井、东安市场。他们把逛商场作为消遣，沟通感情，开阔眼界，提高审美观点，享受购物环境的气氛，观察不同人物的不同举止形态、衣着打扮、衣服颜色的搭配，这些都是对艺术创作有帮助，有借鉴的。

两个人也比较注重公众场合自己的言谈话语，神态气质要自然、端庄。服装款式要新颖大方，不要穿得太暗，使自己显得不精神。刘秀荣作为女人爱打扮，很喜欢更换服装，也经常买几件新款式的衣衫，颜色多样搭配着穿，价钱不一定太贵，关键是要有气质。同时，她还愿意打扮张春孝，他身上穿的，头上戴的，脚底下皮鞋、布鞋，包括袜子的品种、颜色，都由刘秀荣精心安排，亲自购买，张春孝的一切衣着都是刘秀荣的杰作。他们有几套情侣装，有红色的、有黑色的，还有白色和浅蓝色的，就像舞台上穿的“对帔”一样。

两个人晚年的生活是愉快、美满、幸福的。虽然不登台演戏了，但是，两个人一同育徒、教学生，搞艺术创作，生活非常充实。几十年来两个人形影不离，携手同行。常言说：“少是夫妻老来伴。”难得的是两个人一生互相欣赏，彼此都有吸引力。

总之，生活跟艺术一样，是丰富多彩、五彩斑斓的，心态平和，自个儿找乐儿，活得有质量，热爱生活，这才是互相同舟共济、比翼齐飞的好伴侣。

:: 1949 年，14 岁的刘秀荣在中国戏曲学校深造学习

:: 1952 年，17 岁的刘秀荣参加中华人民共和国国务院原组成部门——文化部在北京举办的第一届全国戏曲观摩演出大会，并首演田汉大师编排的《白蛇传》且获奖，成为中国戏曲学校第一个获全国大奖的人

:: 1952 年，17 岁的刘秀荣首演《白蛇传》获奖后留影

:: 1953 年，18 岁的刘秀荣第一次出国演出，参加布加勒斯特第四届“世界青年与学生和平友谊联欢节”，并访问德国、波兰，演出《拾玉镯》《秋江》

:: 1953 年，18 岁的刘秀荣赴罗马尼亚首都布加勒斯特参加第四届“世界青年与学生和平友谊联欢节”，后赴德国演出《拾玉镯》《秋江》，其间与德国小朋友合影

:: 1955 年，20 岁的张春孝在中国戏曲学校深造学习

:: 1956 年，21 岁的张春孝作为中国戏曲学校首届毕业生，被分配到中国戏曲学校实验京剧团工作

:: 1956 年，21 岁的刘秀荣作为中国戏曲学校首届毕业生，被分配到中国戏曲学校实验京剧团工作

:: 1956 年，21 岁的张春孝、刘秀荣订婚留影

:: 1956 年，21 岁的刘秀荣、张春孝赴澳大利亚、新西兰访问演出合影

:: 1957 年 10 月 2 日，张春孝、刘秀荣在北京翠华楼结婚，从此二人比翼双飞，相携白首

结婚証

京[illegible]字第221号

张春孝(男)二十一岁
刘秀荣(女)二十一岁 自願

结婚，经審查合於中华人民共和国婚姻法关於结婚之規定，发给此証。

一九五七年九月二十六日

:: 1957 年 9 月 26 日，张春孝、刘秀荣结婚

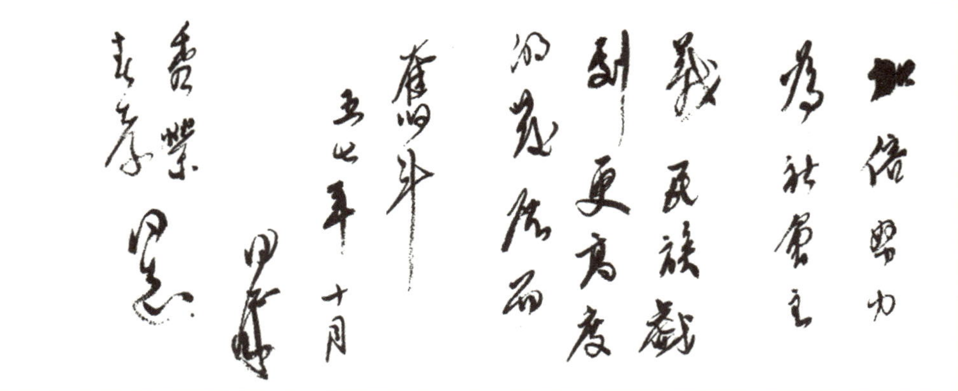

:: 田汉大师致辞祝贺

:: 1958 年，儿子张永光出生

:: 张春孝、刘秀荣和儿子张永光全家照

:: 张春孝、刘秀荣和儿子张永光全家照

:: 1959年，刘秀荣、张春孝24岁时赴北欧芬兰、瑞典、挪威、丹麦、冰岛5国20个城市演出，每场压轴戏必演《拾玉镯》，有91家报纸发表280篇评论文章，演出受到热烈欢迎

:: 1959 年刘秀荣 24 岁，赴奥地利首都维也纳参加第七届“世界青年与学生和平友谊联欢节”，演出京剧《春郊试马》并获国际金奖，刘秀荣成为中国戏曲学校获得国际金奖的第一人

:: 1960 年 3 月，刘秀荣、张春孝一同在中国戏曲研究院举办的戏曲表演艺术研究班学习，戏剧大师梅兰芳任班主任，并由萧长华、荀慧生等大师为学员授课，照片是在萧长华先生家学习《大英杰烈》时留影

:: 1960 年张春孝 25 岁，在中国戏曲研究院举办的戏曲表演艺术研究班学习

:: 1960 年 6 月，刘秀荣 25 岁时被评为北京市社会主义建设积极分子，并出席了全国先进工作者代表大会（全国文教群英会），受到刘少奇、周恩来、朱德、邓小平等国家领导人接见，夫妻庆贺留念

:: 1960 年刘秀荣 25 岁，在赴尼泊尔、阿富汗转飞机时参观莫斯科留影

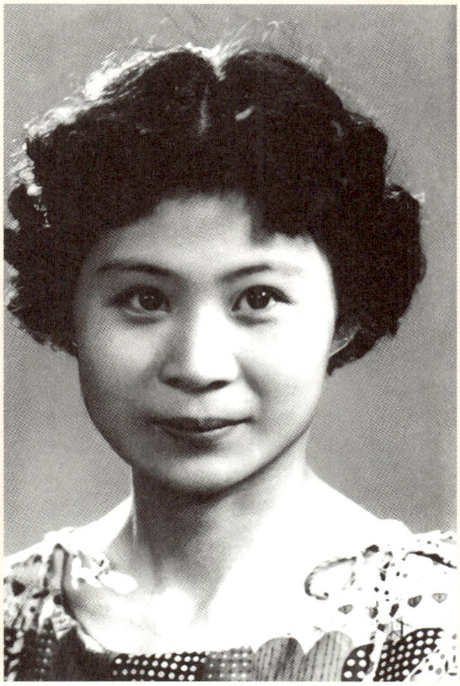

:: 1960 年刘秀荣 25 岁，随中国艺术团赴阿富汗、尼泊尔访问演出《春郊试马》《水漫金山》《拾玉镯》

:: 1961 年，26 岁的夫妻二人随中国戏曲学校实验京剧团首次赴上海公演《香罗帕》《小上坟》《悦来店》，电影界名人夏梦、赵丹前来捧场，演出成功。夫妻在上海留影

:: 1963年张春孝28岁，由香港繁华影业公司与北京电影制片厂拍摄彩色戏曲片《穆桂英大战洪州》时留影

:: 1963年刘秀荣28岁，由香港繁华影业公司与北京电影制片厂拍摄彩色戏曲片《穆桂英大战洪州》时留影

:: 1976 年，夫妻二人全身心投入剧目的复排、创演之中，恢复了许多演出剧目

:: 1978 年，43 岁的刘秀荣随中国艺术团访问美国纽约、华盛顿、洛杉矶、旧金山、明尼阿波利斯 5 个城市，并访问中国香港、澳门并演出。在美国联合国大厅留影

:: 1978 年刘秀荣 43 岁，随中国艺术团赴美国和中国香港、澳门访问演出，在香港留影

:: 1979 年，44 岁的夫妻二人随中国京剧院三团第一次赴日本参加政府文化交流演出，在日本东京合影

:: 1979 年，44 岁的夫妻二人随中国京剧院三团赴朝鲜、日本参加政府文化交流演出，在东京演出《白蛇传》并受到热烈欢迎。夫妻在日本东京合影

:: 1979 年张春孝 44 岁，随中国京剧院三团赴朝鲜、日本参加政府文化交流演出，在日本留影

:: 1979 年，44 岁的夫妻二人随中国京剧院三团赴加拿大访问演出

:: 1979 年刘秀荣 44 岁，随中国京剧院三团赴加拿大访问演出留念

:: 1979 年，44 岁的夫妻二人随中国京剧院三团赴加拿大访问演出

:: 1983 年，48 岁的夫妻二人随中国京剧院三团赴西欧西班牙、法国、瑞士、意大利等国进行商业演出，并访问巴塞罗那、马德里、巴黎、里昂、第戎、戛纳、日内瓦、热那亚等地并演出。夫妻合影留念

:: 1983 年张春孝 48 岁，随中国京剧院三团赴西欧巴塞罗那、马德里、巴黎、里昂、第戎、戛纳、日内瓦和热那亚等多个城市，演出 83 场，演出的《香罗帕》受到欧洲观众欢迎

:: 1983 年，48 岁的夫妻二人随中国京剧院三团出访西欧法国前彩排《八仙过海》时，张春孝帮刘秀荣整装留影

:: 1983 年，48 岁的夫妻二人随中国京剧院三团赴法国巴黎访问演出，与众人合影

:: 1983 年刘秀荣 48 岁，随中国京剧院三团赴法国巴黎访问演出

∷ 1983 年刘秀荣 48 岁，随
中国京剧院三团赴西欧在意
大利留影

∷ 1983 年张春孝 48 岁，随中国京剧院三团访问西班牙演出

:: 1983 年，48 岁的夫妻二人与刘秀荣弟弟刘长生在西班牙访问演出期间，在剧场宣传画《香罗帕》前合影

:: 1983 年，48 岁的夫妻二人随中国京剧院三团赴西班牙访问演出，与刘秀荣弟弟刘长生合影

:: 1986 年，51 岁的夫妻二人随中国京剧院三团第二次赴日本访问演出，在鹿儿岛合影

:: 1986 年，51 岁的夫妻二人随中国京剧院三团第二次赴日本访问演出，刘秀荣演出《白蛇传》，张春孝演出《闹天宫》。夫妻在日本福冈合影

:: 1986 年，51 岁的夫妻二人随中国京剧院第二次赴日本访问演出，在大阪合影

:: 1987 年张春孝 52 岁，赴黑龙江省牡丹江市为边远山区华林橡胶厂一线工人及绥芬河市群众慰问演出

:: 1990 年刘秀荣 55 岁，中国戏曲研究院为刘秀荣、张春孝的舞台演出录制《拾玉镯》《秋江》《平贵别窑》《小上坟》剧目视频，留下舞台艺术资料

:: 1994 年，59 岁的夫妻二人第 3 次赴日本，于日生剧场与中国戏曲学院附中学生一同演出由夫妻共同编导的第一部大型神话剧《西游记》，周龙饰演孙悟空

:: 1998 年随全国政协视察

:: 1998 年刘秀荣 63 岁，随全国政协参观天安门城楼

:: 2000 年夫妻二人 65 岁，参加北京电视台《夫妻剧场》节目，录制《相识相恋相爱，风风雨雨几十年，恩恩爱爱，同舟共济，患难相依》访谈

:: 2000 年夫妻二人 65 岁，中央电视台《名段欣赏》栏目为张春孝、刘秀荣录制《孔雀东南飞》《断桥》《射戟》《飞虎山》《平贵别窑》剧目，留下二人舞台艺术资料

:: 2000 年夫妻二人 65 岁，参加中国京剧彩霞工程，录制了《孔雀东南飞》《穆桂英大战洪州》《拾玉镯》《断桥》4 个折子戏

:: 2001 年张春孝 66 岁，访问香港并举行专场演出，演出剧目《战濮阳》《香罗帕》

:: 2001 年夫妻二人 66 岁，刘秀荣再次访问香港，并在九龙举办关于旦角表演艺术的讲座，并演出《香罗帕》，夫妻在香港合影

:: 2002 年 67 岁的夫妻二人应日本日生剧场邀请，同天津艺术学校孙亭福校长率师生赴日本演出第二部《孙悟空》

:: 2003 年，68 岁的夫妻二人与弟子李胜素出访澳大利亚、悉尼并演出，刘秀荣、张春孝亲授的《白蛇传》大受欢迎。刘秀荣、张春孝在悉尼留影

:: 2003 年刘秀荣 68 岁。应澳大利亚“天合”公司邀请，李胜素、于魁智赴澳大利亚悉尼参加第二十七届嘉年华多元文化艺术节并演出《白蛇传》，刘秀荣、张春孝为艺术顾问

:: 2005 年张春孝 70 岁生日留影

:: 2005 年刘秀荣 70 岁留影

:: 2006年张春孝71岁，协助刘秀荣完成自传《我的艺术人生》，该书由中国文联出版社出版，夫妻万分感谢欧阳中石先生亲笔赐题书名

:: 2007 年夫妻二人 72 岁，喜庆金婚，中国戏剧家协会赠贺刘秀荣女士、张春孝先生金婚之喜，幸福安康

:: 2008 年 2 月，73 岁的刘秀荣入选国家级非物质文化遗产项目（京剧）代表性传承人

:: 2008 年 2 月，刘秀荣 73 岁，荣获国家级非物质文化遗产项目（京剧）代表性传承人荣誉称号

:: 2008 年 12 月，刘秀荣 73 岁，中国戏曲学院举办纪念 4 位老校长活动，刘秀荣发表“深切缅怀我们敬爱的老校长”讲话，回家后手捧非遗证章请老伴张春孝给她拍下这张怀念王瑶卿老恩师的照片

:: 2010 年，张春孝 75 岁，获国家级非物质文化遗产项目（京剧）代表性传承人荣誉称号

:: 2010 年，75 岁的夫妻俩在中央电视台接受采访

:: 2010 年，75 岁的夫妻俩在中央电视台接受采访

:: 2011 年，中国戏曲学院为 76 岁的刘秀荣组织“校戏《白蛇传》继承与发展教学座谈会”后，夫妻二人合影留念

∷2011 年，刘秀荣 76 岁生日在中国照相馆，留影

:: 2011 年夫妻二人 76 岁，刘秀荣参加由文化部主办，沈阳师范大学承办的“文华艺术院校奖”，担任邀请赛评委会主任

:: 夫妻二人在北京电视台《夫妻剧场》栏目中合影

:: 2015 年，刘秀荣、张春孝夫妻二人 80 岁生日留影

:: 2015 年，张春孝、刘秀荣老两口 80 岁生日与弟子合影。第一排左起：马帅、张春孝、刘秀荣、张艳玲；第二排左起：王艳、王晓燕、奇彤、于兰

【第四章】薪火相传

承师授艺得瑰宝
倾传国粹梨园春

刘秀荣和张春孝夫妇，不仅是舞台上及生活中的和谐伉俪，更是教学中的默契搭档。他们有着共同的教学理念，在教学过程中非常注重相互配合。几十年来，他们从未间断过艺术创作的脚步。古稀之年的他们创作思维却毫不陈旧，教学观念也绝不保守。他们并非将自己当年从名师所承的艺术原封不动地教给学生，而是将创作融入教学，把艺术创作的根据和方法一一传授给学生，培养学生在学习中形成善于思考的习惯，同时鼓励学生合理、适当地尝试创作，加强了学生掌握角色与角色之间、演员与演员之间，以及演员与角色之间表演关系的能力。

刘秀荣乃王瑶卿先生晚年得意弟子，曾随先生学习过至少40出王派名剧，包括《珍珠烈火旗》、《棋盘山》、《下河南》、《孔雀东南飞》、《三击掌》、《十三妹》、《貂蝉》、《牛郎织女》、《穆柯寨》、《龙凤呈祥》、《宝莲灯》、《打渔杀家》、《审头刺汤》、《汾河湾》、《玉堂春》、《万里缘》、《穆天王》、《女起解》、《彩楼配》、《平贵别窑》、《长坂坡》、《五花洞》、《樊江关》、《得意缘》、《宇宙锋》、《大保国》、《二进宫》、《四郎探母》、《武家坡》、《算军粮》、《大登殿》、《芦花河》、《三娘教子》、《桑园会》、《法门寺》、《梅龙镇》、《虹霓关》（头二本）及部分《战太平》等。刘秀荣还曾向萧长华先生学习《拾玉镯》《大英杰烈》，向萧连芳和萧盛萱学习《小上坟》，向叶盛兰学《木兰从军》，向章小山学《贵妃醉酒》，向华慧麟学《霸王别姬》，向荀令香学《豆汁记》等戏。此外，在艺术方面，刘秀荣从田汉、梅兰芳、尚小云、荀慧生、芙蓉草、方连元、李紫贵、史若虚、马少波、崔嵬、陈怀皑、陈月梅等前辈处亦受益颇多。刘秀荣入室弟子有关锐英、徐美玲、沈碧芳、李胜素、沈红新、安凤英、王晓玲、宋秀波、王晓燕（山东）、田波、孙斌、臧燕燕、张春红、毛素欣、胡秋芳、姜远萍、李萍、王玉兰、王艳、李静文、张艳玲、赵鸿、于兰、李淑琴、刘荣丽、冯忆欣、胡紫珊、王建国、张婉瑶、张淑景、孟思卿、宋奕萱、刘玮珊、马佳、郭凡嘉、马帅、王晓燕（北京）、冯祺鹏、高红梅、李绪伟、贺雯、白玮琛、李静、苏昊、李红等。

张春孝曾得到萧长华、王瑶卿、金仲仁、姜妙香、迟月亭、李德彬等名家指点，并得茹富兰精心传授，文武兼擅；后又拜叶盛兰为师，得其亲授。他还曾从俞振飞请教昆曲。其擅演剧目有《群英会》《临江会》《黄鹤楼》《吕布与貂蝉》《飞虎山》《白门楼》《辕门射戟》《罗成》《雅观楼》《奇双会》《石秀探庄》《八大锤》《白蛇传》《穆桂英大战洪洲》等。其所收弟子有包飞、郝仕鹏、潘德尧、王孟辉、杲翔等。

刘秀荣、张春孝两位表演艺术家，在几十年的艺术合作中，不断揣摩，深入研究。他们在舞台上的表演，可谓珠联璧合，交映成辉！在教学中，每一句唱腔、念白，每一个手势、眼神、动作、步法，他们一一示范，毫无保留地将表演的技法、要领，及自己多年的舞台经验和研究体会倾囊教授给弟子。

:: 1987 年 7 月刘秀荣收徒李胜素

:: 1997 年 5 月刘秀荣收徒王艳

:: 2005 年 12 月刘秀荣收徒孟思卿

:: 2006 年 10 月刘秀荣收徒宋奕萱

:: 2009 年 5 月刘秀荣收徒马佳

:: 2011 年 1 月刘秀荣收徒郭凡嘉

:: 2017 年 12 月刘秀荣收徒白玮琛

:: 2011 年 1 月张春孝收徒郝仕鹏

:: 1984年，“梅兰芳诞辰九十周年纪念活动”举办，刘秀荣、张春孝、袁国林、吴钰璋联袂演出《穆柯寨》，排练留影

:: 1988年，中国京剧院挖掘传统剧目精彩片段折子戏，夫妻继承整理演出《虹霓关》，训练中留影

:: 1992 年，夫妻二人为天津京剧团新编京剧《马嵬香销》设计身段动作

:: 1999 年，张春孝为辛晓鸣、金喜全教授《石秀探庄》

:: 2003 年，弟子李胜素出访澳大利亚悉尼并演出，张春孝为李胜素、张威加功排练《白蛇传》

:: 2003 年，弟子李胜素赴澳大利亚悉尼演出《白蛇传》，夫妻一同前往。左起：杨燕毅、于魁智、张春孝、刘秀荣、黄桦

:: 2003 年 11 月，夫妻为中国戏曲学院第三届中国京剧优秀青年演员研究生班教授《白蛇传》，与 5 条“白蛇”合影留念。左起：张慧芳、王艳、刘秀荣、张春孝、王玉兰、董圆圆、闫巍，张春孝助演许仙

:: 2003 年，夫妻为中国戏曲学院第三届中国京剧优秀青年演员研究生班教授演出《白蛇传》，与 5 条“白蛇”合影留念。左起：张关正、张威、张慧芳、王艳、孙毓敏、刘秀荣、张春孝、王玉兰、董圆圆、闫巍、田冰、徐超

:: 2010 年，中国戏曲学院举办建院 60 周年庆典，刘秀荣为母校学生教授《白蛇传》，与 8 条“白蛇”谢幕合影

:: 2010 年，中国戏曲学院举办建院 60 周年庆典，夫妻二人为学生教授《白蛇传》

:: 2013 年 6 月 24 日、25 日，北京戏曲艺术发展基金会，在北京长安大戏院举办“流芳毓秀传茂荣”刘秀荣弟子展演，李胜素大轴演出《断桥》，师徒合影

:: 2013 年，在“流芳毓秀传茂荣”刘秀荣弟子展演中演出《穆桂英大战洪州》，刘秀荣与 4 个穆桂英演出后谢幕合影

:: 2013 年，在“流芳毓秀传茂荣”刘秀荣弟子展演中演出《穆桂英大战洪州》，刘秀荣与 4 个穆桂英合影。左起：王艳、郭凡嘉、刘秀荣、高红梅、王怡

:: 2016 年，81 岁的刘秀荣为上海戏剧学院本科大四学生刘思雯教授《十三妹》

:: “流芳毓秀传茂荣”刘秀荣弟子展演合影，左起：张淑景、宋锋、张春孝、奇彤、刘秀荣、马佳、郭凡嘉、高红梅、郝仕鹏

:: 刘秀荣、张春孝与众弟子合影

【第五章】秀影荣芳

精妙演技留世在

后辈念师望长空

2021年6月28日，刘秀荣老师突发急症，溘然长逝，享年86岁。同年7月4日，在北京八宝山革命公墓，社会各界代表及首都近千名群众送别了这位把一生奉献给观众、奉献给京剧的艺术大家。同年7月27日，国家京剧院在畅和园隆重举行“刘秀荣先生追思会”，纪念这位杰出的京剧艺术家。

中宣部文艺局，全国政协京昆室、办公厅联络局，文化和旅游部机关党委、艺术司、离退休人员服务中心，中国戏曲学院，天津京剧院，黑龙江京剧院等相关单位代表，刘秀荣老师亲属代表，弟子代表，国家京剧院领导班子、全体中层干部、演职员代表等出席追思会。会上，国家京剧院院长王勇，刘秀荣弟子李胜素、王艳、马佳，刘秀荣之子张永光，中国戏曲学院教授张关正，著名戏曲导演孙桂元，著名京剧表演艺术家刘长瑜，著名戏曲理论家龚和德，中华全国新闻工作者协会原党组书记翟惠生，中国戏曲学院院长尹晓东，全国政协京昆室副主任谭孝曾相继发言，饱含深情地从不同角度回顾了刘秀荣的生前点滴、艺术成就和艺德情怀，表达了对她的仰慕和追思之情。

刘秀荣老师生前曾动情地说过，京剧艺术是她贯穿一生的梦。在这个梦中，她收获了掌声、恩情、姻缘、友谊、勇气、荣誉，她希望这个梦可以让学生们延续和传递下去，将京剧艺术一代代发扬光大。

∷ 2021 年 7 月 27 日，国家京剧院院长王勇在刘秀荣先生追思会上发言

∷ 2021 年 7 月 27 日，张永光先生在母亲刘秀荣追思会上发言

:: 2021 年 7 月 27 日，李胜素（右）、王艳（中）、马佳（左）在师傅刘秀荣先生追思会上发言

:: 2021 年 7 月 27 日，刘秀荣先生追思会现场

:: 2021 年 7 月 27 日，刘秀荣先生追思会现场合影

白蛇深情　永驻我心

——缅怀恩师刘秀荣

李胜素

恩师刘秀荣离开我们而去，如同白素贞一般步履轻盈，做了您35年的弟子，我至今不愿相信。这些天演出时，蓦然回首，您仿佛还在侧幕条看着我，面带笑意，温暖如昔；这些天排戏时，转身之间，您仿佛还在给我说戏，一招一式，全是您的身影。

记得2021年6月28日上午，剧院开党员表彰会，您发言时声音有些颤抖。我和魁智送您上车时，我忍不住说："老师，您今天太累了。"您点头道："我今天有点激动。"车灯远去，我目送您，没想到竟永别今生。是啊，您时常爱激动，为艺术激动，为人物激动，为弟子激动，为国家激动。您深爱这个世界，才会如此用情。回眸您的生命，就像白素贞的一生：有迷惘，有惊喜，有痛苦，有甜蜜。而您用至美，用勇气，用忘我，用深情，也像白素贞一样走过。

当年在河北艺校，您第一次看我演戏。那时的我喜爱允文允武的角色，佩服昆乱不挡的演员。到北京人民剧场看您演《白蛇传》后，我真是崇拜不已。1986年邯郸京剧团排《白蛇传》，请来您和春孝师爹指导，您当即答应收我学艺。您按中国戏曲学院的路子，从"游湖"到"倒塔"重新帮我归置。盛夏的邯郸，您一教戏就是一月有余。您说戏时总是那么细致，一个眼神都不放过；您示范时总是那么自如，身段、唱腔，全在戏里。那时的您真年轻啊，走起圆场，脚下生风，年少的我心中感叹，却总也跟不上您。

记得我第一次见到您就是在邯郸京剧团，那时我还是个20岁的年轻毕业生。想到要见久负盛名的刘秀荣老师是有些拘谨，但一见面就被您满面笑容、平易近人的热情感染了，感到这位名演员并没有架子，而且很好接近。

在此后一个多月的时间里，您是那样不辞辛苦，耐心细致，一字一句、一招一式地示范、讲解、传授，让我不仅逐步掌握了白娘子唱、念、做、打技巧，同时也领悟了人物内心世界。

首先"唱"是第一位的。在教"游湖"的唱腔时，您再三强调感情和节奏，含蓄和深情，要掌握白娘子向往人间美好生活的憧憬和遇到许仙后绵绵的深情，因此唱腔要蕴含美的音韵，而不能使劲放声去争取掌声。

在"做"上，也就是表演上要注意把握分寸的准确。如许仙上场后，白娘子有个滑跌的动作，这本是她故意要引起许仙注意的假做滑跌，这段表演我记得很清楚，您再三强调是白素贞故意做的动作，但必须让许仙信以为真，但是让观众要看清楚是故意作假，这才能有戏，才好看。这点表演不多，却进行了反复的磨排，使我终于把握了分寸和心理活动，您也认为戏出来了，因此我后来在演出中，每到此处，台下观众都会有笑声，尤其在国外演出，由于观众理解了白娘子的心意，所以每演到这里观众都发出了会心的笑声。

在学习"惊变"一场戏中当许仙被吓昏厥，白娘子痛不欲生，决心孤身闯仙山，盗回灵芝草解救亲人时，有段快板，就是观众所熟悉的"含悲忍泪托故交……"您多次强调，这段快板要表现白素贞悲恸欲绝的心情，既要快又要吐字清楚，要有由衷的悲伤，又要唱得动听，不能只贪快造成囫囵吞枣的现象，那样就破了戏的气氛，往下就不能吸引观众了。您还强调，当唱到"为姐化作杜鹃鸟，飞到坟前也要哭几遭！"之后用"扫头"锣经下场，要以极快的速度在急转身又复回的动作中，快速舞动水袖，以干净、利落、漂亮的几个动作揭示白娘子急切又恋恋不舍，最后决心一拼的心情，要表演得清楚、漂亮，能让观众为之激动、报以掌声。我今天理解您的这段创作是让舞蹈动作说话，用舞蹈语汇去感动观众，不仅美而且要有很高的欣赏价值。唱、念、做、打缺一不可，这才是京剧的艺术特点。

“盗仙草”一折，武打很吃力，由于您功底扎实，手、眼、身、法、步功夫到位，所以您设计的白娘子与鹿童的对剑独具一格，要把握住稳、准、快，同时要“柔”，软中有硬，两人配合默契，打出来才好看，才是艺术品。初学时我对剑感到很吃力，您既严格要求，一次次反复磨炼，又不断鼓励我说：“胜素有条件，功底不错，又年轻，只要肯吃苦、用功、用脑子是完全可以学好这出戏的……”我当时也的确有股不达目的不罢休的决心，一定要练出老师那么好的功夫才能满意。正是在您的教诲和鼓励下，“盗草”最终得到了您和观众的认可。

“水斗”也是场重头戏，这场戏完全可以做折子戏来演出，唱、念、做、打齐全，对演员要求很高，学习这场戏也像是一座必须努力攀登的山峰。“水斗”一场白娘子心绪复杂，她身怀有孕，苦寻许仙，哀求法海，又要制止小青的暴怒，最后万不得已才调动水族奋战金山。这场戏要演好，要调动演员的看家本领才行。您采用不少昆曲表演传统手法，青、白蛇穿战裙战袄，腰挎宝剑，头戴“蛾子冠”，左右两个素彩球垂下更便于舞蹈动作。尤其开打后的动作，因为您功力扎实，舞动双枪，运用自如，特别是“出手”踢得稳、准、漂亮，让全剧更有光彩，也更加重了难度。在您的示范、激励下我也尽最大努力去练。您说：“台上的艺术功力，是练出来的。只有多练才能长功力、长气力！”

按照您的要求我坚持每天不放松苦练、磨排，所取得的进步离不开您的教诲。

《白蛇传》核心场子，戏的高潮当然是“断桥”，40 多分钟以唱、做、舞来抒发感情、揭示内心，表现白娘子一颗善良的心与许仙历经磨难剪不断的绵绵情爱。要想感动观众，不仅要让观众入戏，还要让观众的心情随着剧中人物的悲喜而跌宕起伏，甚至潸然泪下。而这场戏设在了全剧最后的四分之一处，前面的文武场子是很累的，这就更要考验演员的功力了。您唱了几十年《白蛇传》都是这样演的，可见您的艺术造诣之深！

在学排“断桥”时，那段扣人心弦的“南梆子”转“快板”，我练得最多，您也指正得最细。您要求这段唱必须声情并茂，以声表情，来刻画白娘子对许仙的爱、气、恨、怨，最后仍归到爱上的复杂情怀。说实话这场戏让我头疼，因为前面演了大半出戏后，这里要再做到聚精会神，全身心地入戏，既要顾到感情，更要把握唱腔的“筋劲儿”和火候，对演员来说负担确实是太重了。另外，您几十年演这个戏，由于娴熟、精确，您已把握住了气力和气息的调整和运用了，可以说做到得心应手了，因此您就是榜样。我也应当学习您努力做到把握好这个戏中气力的收放运用。您说：“必须坚持知难而进，没有退路可走，有条件更要刻苦。”我后来之所以能完成学业，坚持演了多年《白蛇传》也正是按照您的要求去做的。

记得当时您说，您给我排戏，真的比我还累！确实是这样。因为您不但要教白娘子，还要教会每一个参加表演的人物，如鹤、鹿童、水族、神将。全剧的舞蹈、武打动作乃至灯光、布景道具和重要的音乐及唱腔的伴奏也需要您一一指导，真是太辛苦了。而春孝师爹同样辛苦，他要教许仙、法海、艄翁，“盗草”的“对剑”他要示范。总之春孝师爹和您分工合作，密切配合，手把手地教会我和剧团全体演员如何表演这出戏。原原本本学演了《白蛇传》，就在彼此严教深学的同时，我和您有了深厚的师生感情，所以当时我和另一位同学一起拜您为师，成了您的入室弟子，这是我的艺术生涯中最重要的一件大事。

此后在您的指导下，《白蛇传》历经10年不断演出实践而有所提高和进步。

1998年我到了中国京剧院二团，在北京，离您更近了。二团重排《白蛇传》又请您和春孝师爹来指导、传授。您二老依然像10年前在邯郸教我《白蛇传》一样认真负责，每天一进排练场，便换上练功鞋，脱去外衣排练起来。近一个月时间里，您二老不但给我加工提高，而且对二团所有的演员、乐队也都悉心指导，让大家从不会到熟练表演并最终搬上舞台，直到在长安戏院彩排、公演。你们付出了巨大的劳动，却分文不取，您说：“知道剧团经费不宽裕，我们不要报酬。胜素是我的学生，二团是个基础很好的团，给你们排戏是我们应尽的责任……”

您就是这样勤勤恳恳地为京剧事业做贡献的。2003年9月，我和二团应澳大利亚“天合”公司邀请参加“第二十七届嘉年华多元文化艺术节”，并特邀您和春孝师爹做二团的艺术指导。邀请方坚持特邀二团著名老生于魁智扮演许仙，这下可忙坏了这个温文尔雅的大嗓小生。在您和春孝师爹的严格排练，加之二团齐心努力之下，《白蛇传》在悉尼的演出非常成功，这当然与您二老的付出是分不开的。

自那以后，《白蛇传》成了我出门演出的打炮戏。再后来《白蛇传》拍电影，您二老坚守怀柔片场，把关表演，精益求精。35年来，《白蛇传》成就了咱们的师徒情义；也正是这出戏，让我入了门，开了窍，学会了演戏。

我有时在想，师父您太认真了，总也不满足，总在琢磨戏。吸收、借鉴、改进、创新，即使您演了一辈子的《白蛇传》，也永远在琢磨，永远在改进。我知道，即便多年不上台，您的心也从未离开过舞台，您在用一生的时间走进白素贞，走进每一个人物。而这一切，我都看在眼中，记在心里。

您说过：只要拜了我，就一定要实授。您把后半生献给了教学，献给了我们。但凡弟子、学生，您都实打实地做示范，毫无保留地掏心窝子，费尽了气力，耗尽了心血。1989年，我参加第一届全国青年京剧演员电视大赛，赛前您在招待所给我说戏、嘱咐，心里比我还急。可作为评委，您却从未想过徇私。直到赛后其他评委惊叹道：秀荣，你要早说李胜素是你徒弟，还能给更高分。您只笑着答道：一切按规定来。35年来，您始终教我们老实做人，踏实学戏；

言传身教间，我们懂了规矩，走了正路，成了像您一样的人。

逢年过节，生日寿辰，我也常到家中陪伴您。您却总说：胜素，你去忙你的；胜素，别老来看我；胜素，你别太累着。新型冠状病毒感染疫情（以下简称“疫情”）防控期间，我每周送一些蔬菜放到您家门口，每次一接到东西，您就打电话跟我掉眼泪。老师啊，您教我演戏，教我本事，给了我艺术生命，我心疼您，孝敬您，您何必跟我客气。

全新舞台艺术片《白蛇传》已经剪辑完成，它也倾注了您的心血，您却终究没等到它的发行。35 年间，这出《白蛇传》陪我去到伦敦，去到巴黎，去到悉尼，去到罗马，它早已融化在我身上，融化进我血液，融化到万千中外观众的心底。

虽然您已飘然而去，魂归天国，但我知道，您只是回天国修行。待到千年之后，您满怀深情，重新下凡，弟子一定再与您相遇，再与您结缘，再陪您离却峨眉到江南，湖光山色游人间。

:: 1987 年 7 月，李胜素在邯郸京剧团拜师刘秀荣

:: 2003 年，李胜素、于魁智赴澳大利亚悉尼演出《白蛇传》，与当地华侨代表合影。左起：张春孝、于魁智、刘秀荣、李胜素

:: 2003 年，李胜素赴澳大利亚悉尼访问演出《白蛇传》，刘秀荣为弟子指导排练

:: 2013 年 6 月 24 日、25 日，由北京戏曲艺术发展基金会在北京长安大戏院举办“流芳毓秀传茂荣”刘秀荣弟子展演，李胜素大轴演出《断桥》。弟子展演谢幕时合影。后排左起：王玉兰、刘秀荣、李胜素、张艳玲、王艳；前排左起：张淑景、宋奕萱、郭凡嘉

:: 2013 年 6 月 24 日、25 日，由北京戏曲艺术发展基金会在北京长安大戏院举办“流芳毓秀传茂荣”刘秀荣弟子展演，李胜素大轴演出《断桥》，师徒合影

:: 2021 年 6 月 28 日，在国家京剧院“庆祝建党百年大会”上，李胜素与师傅刘秀荣合影

参考资料

[1] 卢哲 . 清扬端妍 隽逸翩然 : 刘秀荣评传 [M]. 北京 : 商务印书馆出版 ,2015.

[2] 刘秀荣 . 我的艺术人生 [M]. 北京 : 中国文联出版社 ,2006.

[3] 卢哲 . 刘秀荣传记 [M]. 北京 : 中国文联出版社 ,2018.

[4] 董绍琦 . 菊苑燕侣 [M]. 北京 : 中国戏剧出版社 ,2007.

[5] 刘秀荣口述 , 池浚整理 . 流芳毓秀传茂荣 [M]. 北京 : 中国文史出版社 ,2016.

[6] 张春孝口述 , 池浚整理 . 彰明春晖成贤孝 [M]. 北京 : 中国文史出版社 ,2016.

跋

我在国家京剧院工作近20年了，与刘秀荣老师和张春孝老师自然是很熟识的，相识相交是机缘情分，能为两位老师整理一生留影既是学习也是一种修行。

两位老师属于“山来就我”型，自带光环却很温润，无论什么时候来院里，无论参加大型活动还是正常教学，两位老师总像磁场一样吸引年轻人，演员自不用说，我们这些行政工作人员也被牢牢吸附。我以前经常在排练厅看到二位老师为学生说戏和排演剧目，对我们这些“旁听生”，也总是笑容可掬地点头，安排落座。我多次感受老师们为京剧事业课徒业薪，倾囊相授，不禁由衷钦佩他们没有因退休而颐养天年，却依然为了一生所爱尽心尽力。

两位老师伉俪情深，在我的印象中总是出双入对。可惜人生难得圆满，2018年春孝老师因病离世，2021年秀荣老师因突发急症追随而去，一生一世一双人不再，二位艺术家九尺氍毹上的灼灼光芒，相携教戏的示范身影、曾经的相濡以沫都定格在了一张一张的照片留影中，睹物思人，整理成册是两位老师生前之愿，也是后辈晚学情之所系与责任应担。

记得2020年的夏天，秀荣老师找到我，说手上有自己和老伴的照片，原本想自己出资出版画册留个纪念，没想到剧院也有对老艺术家艺术资料的积累整理、开发转化以及再创作的理念和项目，于是欣然同意将一生所藏悉数交与剧院来整理出版。照片记录了二位老师多年来生活、工作以及演出活动的珍贵过往，捧在手里，只觉价值千钧。一张张翻过照片，一如打开艺术家们丰盈的过往，将照片扫描后，我把电子版文件交给秀荣老师，过了些时候她又让学生给我带过来，每张照片都做好了细致的注释。这些照片及其背后的故事与内容不仅真实记录了二位老师生活工作中特定的背景和精彩的故事，同时也为国家京剧院的资料库纳宝珍藏，成为剧院财富，如果能成册出版，当然也将为京剧史再添优美篇章。可惜当时遭遇疫情，画册没有及时投入编撰，成为老师的遗愿。

如今，剧院决定让我来担负这个画册的编撰工作，我感觉压力很大，担子很重。如何能更好地、更全面地把二位艺术家的精彩瞬间呈现给读者呢？为此我拜读了刘秀荣老师的自传《我的艺术人生》，以及《刘秀荣传记》《菊苑燕侣》等专著和相关文章。这些作品从多方面、多角度将二位艺术家的学习、成长、工作、生活、艺术造诣精彩地呈现给了读者。而我在重新梳理的过程中始终想着秀荣老师那句“让这些自己和老伴的照片做个留念吧”，这个朴实的“二人留念”应该说是最珍贵的遗愿了。因此，本画册还是以突出照片的精彩瞬间和为后人留下的艺术风采，来展示他们二人共同走过的美好人生。

根据照片内容拣选后此书从“恩师益友”“演出风采”“比翼齐飞”“薪火相传”“秀影荣芳”5个部分，向读者全方位介绍了这对梨园伉俪、菊苑燕侣，氍毹上的艺术人生。秀荣老师是一位很有思想的艺术家，无论是大、小活动发言文稿，还是日常给学生的教学授课，她的思路总是那么清晰深刻，讲述总是那么生动晓畅，说起“文”，老师毫不逊色，我们在她的自传及各种文字与其他材料中都能感受到，相较而言，这次以“画”为主，如果说在文字中我们看到了一个秀荣老师，那么这次出版这本书，我想意义就在于读图时代我们对于先生留影的全面地重新整理，作为画册，“画”成为绝对主角：一是入选的图画角度全面，从“恩师授业和益友相助”到“艺术造诣和社会成就”，从“美满姻缘和幸福家庭”到“晚年传艺和桃李满园”没有遗漏，以图片时间顺序为框架对二位艺术家的个人生活、艺术成就作了全面反映；二是每幅图片都经秀荣老师亲手选定、亲自注释，连接着老师的精神与思想，幻化着美丽的生活与艺术，这些画面自然是二位艺术家用心用情的在意之选，带着他们的本心本念。揽册在怀，按“图”索骥，我们就能与二位艺术家亲自留下的美丽的一个个瞬间而面对面相逢，因此，我在每个篇章只做了些简单的介绍，只就二人“比翼齐飞”这个篇章多做了些整理，只因二人执手偕老、相濡以沫的爱情实在让人感慨万千，澎湃难捺。

作为同台联袂的艺术家，他们的艺术辉映后世，作为双宿双栖的贤伉俪，他们的深情相伴感染后人。作为此书的出品人、该书的策划者、发起人，国家京剧院王勇院长专门为此书撰写了《序言》。作为秀荣老师的大弟子、国家京剧院一团李胜素团长撰写《白蛇深情、永驻我心 —— 缅怀恩师刘秀荣》是为纪念。

怀念与老师们的交往，尤其秀荣老师，她善于学习，思维敏捷，每有重要发言都能思路清晰，出口成文。对于这些照片的解读与诠释，如果老师在世，一定能做得特别精准生动。因此，作为后辈，面对老师们一生的积累与辉光，我真的不敢过度言说，我想，最大的尊重可能是对他们所思所想、所示所范的尊重，也许禁言，留白，让读者自己去观览、去理解、去感受，也许会更自由、更安心。

2023 年，秀荣和春孝老师的儿子张永光先生将二位艺术家生前的剧本、书籍、音像和图片等艺术资料全部捐赠给国家京剧院，为本书出版和剧院艺术研究留下大量珍贵资料。成书将版，家属而外，项目获助颇多，心怀感激，无法点名一一致谢，铭心永志。我想翻开画册，敬佩之情、景仰之心，就是我与大家长久的遥思与永远的纪念了。

2024 年 11 月

作 | 者 | 简 | 介

周祉琦

国家京剧院艺术研究助理研究员。毕业于天津音乐学院艺术管理专业。毕业后进入国家京剧院业务部工作，现就职于国家京剧院创作和研究中心。多年来，在“国家艺术院团优秀剧目展演”、“中国京剧艺术节”、“中国戏剧节”、“红色经典中华行”巡演活动、“中国京剧流派班专场”等重大活动及专场演出活动中担任宣传和协调工作。在电视台、广播电台、报纸杂志、网站等媒介平台做宣传推广工作。撰写的稿件文章发表在《中国文化报》《光明日报》《中国艺术报》《北京青年报》《中国京剧》《中国戏剧》等报纸杂志及各类网站。

特约编辑：周祉琦　任　怡　白玮琛　周　亮　樊　翔